THE GROUP OF SEVEN

BOOK OF DAYS

CALENDRIER PERPÉTUEL

LE GROUPE DES SEPT

A FIREFLY BOOK

Published by/Publié par
Firefly Books Ltd
66 Leek Crescent
Richmond Hill, Ontario
L4B 1H1

ISBN-13: 978-1-55407-066-4
ISBN-10: 1-55407-066-X

Front cover/En couverture: A.Y. Jackson, *The Red Maple / L'érable rouge,* 1914
Title page/Page titre: A.Y. Jackson, *Night, Pine Island / Nuit, île aux Pins,* 1924

Design by/Conception graphique de: Counterpunch/Linda Gustafson

Printed in China/Imprimé en Chine

The Group of Seven
Book of Days

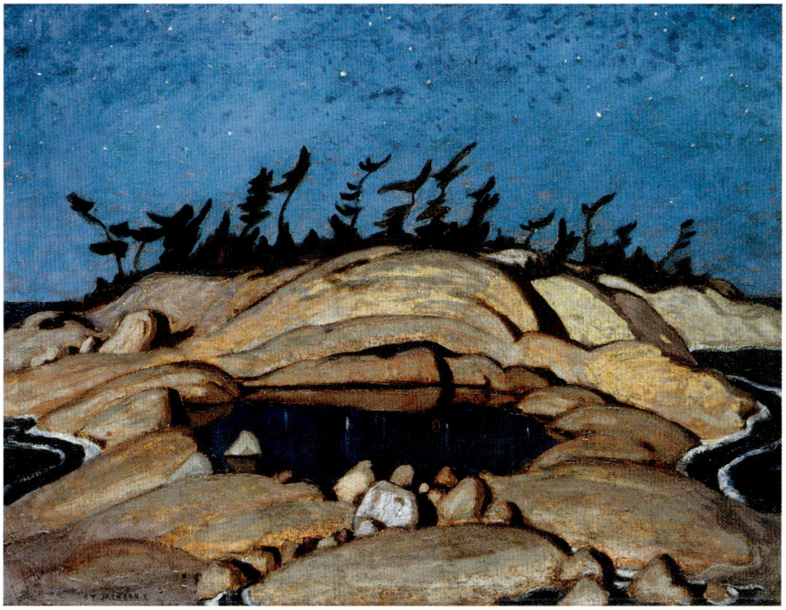

Calendrier perpétuel
le Groupe des Sept

paintings from the National Gallery of Canada

peintures du Musée des Beaux-arts du Canada

Firefly Books

Introduction

The works that appear in this Book of Days capture images and moods of Canada – the landscapes, the people, the seasons – as seen through the eyes of the Group of Seven.

"The country was exciting," wrote A.Y. Jackson, one of the founding members. "In autumn it flamed with red and gold, in winter, wrapped in a blanket of dazzling snow, and in springtime it roared with running waters and surged with new life." Lawren Harris, another of the original members, wrote that the artists found cloud formations and rhythms that were peculiar to the seasons, as well as to different parts of the country.

There are works here by all the Group's original artists as well as by A.J. Casson, who was invited to join following Frank Johnston's departure. Also included are paintings by Tom Thomson. He drowned in Algonquin Park three years before the Group's formation, but was always an inspirational presence.

The Group of Seven was formed in 1920, although the artists had for several years shared a concept of Canada as a northern nation and a commitment to bring art to the people. The country was on the brink of change (it would be another year before women could vote in a federal election), with the population of 8.8 million equally divided between urban and rural. Canada was becoming more industrialized, and the artists set out to provide, in A.J. Casson's words, "a record of a disappearing society."

Although best known for their powerful landscapes of the north, the artists painted all of Canada as well as portraits and still lifes. Each member brought a different background to the Group and captured the country in his own way.

Tom Thomson, Canada's best-known artist, was a commercial artist who later spent most of the year in Algonquin Park, where he sketched and worked as a guide. His brilliant colour treatments vary between bold and subtle. The majestic painting, *The Jack Pine* – said to symbolize isolation – is one of the most famous of all Canadian paintings.

Lawren Harris, a driving force in the Group's creation, was its only financially independent member. He covered a broad range of subjects – the slums of Nova Scotia (*Black Court, Halifax*), the stark landscapes around Lake Superior (*North Shore, Lake Superior*), and urban scenes

(*Toronto Street, Winter Morning*). He visited the Rockies and the Arctic (*North Shore, Baffin Island I*), eventually turning to abstraction.

J.E.H. MacDonald was the director of the commercial art firm that employed Carmichael, Johnston, Lismer, and Thomson. In his landscapes he favoured vast panoramas, rich colours, and monumental designs (*The Solemn Land*). He often contrasted reds and greens, as in the revolutionary *The Tangled Garden* (which prompted one critic to accuse him of having thrown his paint pots in the public's face).

A.Y. Jackson was born in Montreal and captured the steepled villages along the St. Lawrence (*Saint-Hilarion*). He travelled across the country – from the Maritimes to the Arctic – painting and making friends. Jackson spoke of Canada as "flaming with colour" and caught the seasons in transition (*Frozen Lake, Early Spring, Algonquin Park*).

Arthur Lismer was born in England, worked in commercial art, and sketched in Algonquin Park with Tom Thomson. *Winter Camouflage; October on the North Shore, Lake Superior;* and *A September Gale, Georgian Bay* show his interest in seasonal lighting. An influential teacher, he believed that art should be accessible.

F.H. Varley is remembered for his portraits of Canada's elite society (*Alice Massey*). He was born in England, worked as a commercial artist in Toronto and, after the First World War, began to explore the north of his adopted country (*Squally Weather, Georgian Bay*).

Frank Carmichael trained as a commercial artist. He is known for his rhythmic design (*Wabajisik: Drowned Land*), and elements in his works have been likened to tapestries (*The Hilltop*).

Frank Johnston worked as a commercial artist and took sketching trips in and north of Toronto. A great craftsman, he is recognized for the decorative quality and sense of composition that he brought to his canvases (*Fire-swept, Algoma; The Fire Ranger*).

A.J. Casson painted farms, forests, rolling hills, and scenes of small villages – providing a collective picture of an Ontario that no longer exists. He enjoyed working in watercolour, and his work shows a clean, linear quality (*Anglican Church at Magnetawan*).

The Group, which would include three more members, disbanded in 1933. "Above all," Lawren Harris wrote about their experiences, "we loved this country and loved exploring and painting it." We hope you will enjoy it too as you travel through the seasons.

Introduction

Les œuvres présentées dans ce Calendrier perpétuel reflètent les images et l'ambiance du Canada – les paysages, les habitants, les saisons – vues à travers les yeux du Groupe des Sept.

« Le pays était captivant », disait A.Y. Jackson, l'un des membres fondateurs. « À l'automne, il flambait rouge et or, en hiver, il était enveloppé dans une couverture de neige étincelante, et au printemps, ses eaux courantes mugissaient et débordaient d'une vie nouvelle. » Lawren Harris, l'un des autres membres originaux, écrivait que les artistes découvraient des formations et des rythmes de nuages qui étaient particuliers aux saisons ainsi qu'aux différentes régions du pays.

Ce livre comprend des œuvres de tous les artistes originaux du Groupe ainsi que de A.J. Casson, qui a été invité à devenir membre suite au départ de Frank Johnston. Des peintures de Tom Thomson sont également comprises. Noyé au parc Algonquin trois ans avant la création du Groupe, celui-ci est toujours demeuré une source d'inspiration pour ses membres.

Le Groupe des Sept n'a été formé qu'en 1920 mais les artistes partageaient déjà depuis plusieurs années un concept du Canada comme nation nordique et un engagement de rendre l'art plus populaire. Le pays était sur le point de se transformer (ce n'est que l'année suivante que les femmes ont obtenu le droit de voter dans une élection fédérale), et sa population de 8,8 millions habitants était divisée en parties égales entre les villes et la campagne. Le Canada devenait progressivement plus industrialisé et les artistes ont décidé de perpétuer, selon A.J. Casson, « la mémoire d'une société en voie de disparition ».

Connus surtout pour leurs paysages nordiques imposants, les artistes ont toutefois peint le Canada entier ainsi que des portraits et des natures mortes. Chaque membre a apporté ses propres expériences au Groupe et a saisi le pays à sa manière.

Tom Thomson, l'artiste canadien le mieux connu, était un graphiste qui passait une bonne partie de l'année au parc Algonquin où il dessinait en travaillant comme guide. Ses traitements de couleur éclatants varient entre l'audacieux et le subtil. Le tableau majestueux *Le pin* – réputé symboliser l'isolement – est l'un des tableaux canadiens les plus rénommés.

Lawren Harris, force motrice derrière la formation du Groupe, était le seul membre qui était financièrement indépendant. Il a traité toute une panoplie de sujets – les taudis de la Nouvelle-Écosse (*L'impasse Black, à Halifax*), les paysages désolés entourant le lac Supérieur (*Rive nord du lac Supérieur*) et les scènes urbaines (*Rue de Toronto, un matin d'hiver*). Il a visité les montagnes Rocheuses et l'Arctique (*Côte nord, île de Baffin I*), avant de se consacrer à l'abstraction.

J.E.H. MacDonald était directeur de la société d'art publicitaire qui employait Carmichael, Johnston, Lismer et Thomson. Dans ses paysages, il privilégiait les vastes panoramas, les couleurs riches et les dessins monumentaux (*Terre solennelle*). Il contrastait souvent les rouges et les verts, comme dans son tableau révolutionnaire *Le jardin sauvage* (ce qui a incité un critique à l'accuser d'avoir jeté ses pots de peinture à la figure du public).

Né à Montréal, A.Y. Jackson peignait les villages dotés de clochers situés le long du fleuve Saint-Laurent (*Saint-Hilarion*). Il a parcouru le pays – depuis les provinces Maritimes jusqu'à l'Arctique – en train de peindre et de se faire des amis. Jackson parlait du Canada comme étant « flambant de couleur » et il a reproduit le changement des saisons (*Lac gelé au début du printemps, parc Algonquin*).

Arthur Lismer est né en Angleterre. Graphiste, il a également dessiné au parc Algonquin avec Tom Thomson. *Camouflage d'hiver; Octobre sur la rive nord du lac Supérieur* et *Une bourrasque en septembre, baie Georgienne* révèlent son intérêt pour la lumière saisonnière. Enseignant influent, il croyait que l'art devrait être accessible à tous.

F.H. Varley est connu pour ses portraits de la société élite du Canada (*Alice Massey*). Il est né en Angleterre, a travaillé comme graphiste à Toronto et, après la Première Guerre mondiale, a commencé à explorer le nord de son pays adopté (*Rafales, baie Georgienne*).

Frank Carmichael avait une formation de graphiste. Il est connu pour sa composition rythmique (*Wabajisik : Terrain noyé*) et certains éléments de ses œuvres ont été comparés à des tapisseries (*Le sommet de la colline*).

Frank Johnston travaillait comme graphiste et peignait en plein air dans le nord et à Toronto. Artisan accompli, il est reconnu pour la qualité décorative et pour le sens de composition qu'il a appliqués à ses tableaux (*Le brûlé, Algoma; Le garde forestier*).

A.J. Casson peignait des fermes, des forêts, des collines ondulantes et des scènes de petits villages – offrant ainsi une image collective d'un Ontario qui n'existe plus. Il aimait utiliser les aquarelles et son œuvre révèle une qualité linéaire très nette (*Église anglicane à Magnetawan*).

Le Groupe, auquel se joindraient trois autres membres, s'est dissout en 1933. « Avant tout, écrivait Lawren Harris au sujet de leurs expériences, nous aimions ce pays et nous aimions l'explorer et le peindre. » Nous espérons que vous l'aimerez également en suivant ce parcours à travers les saisons.

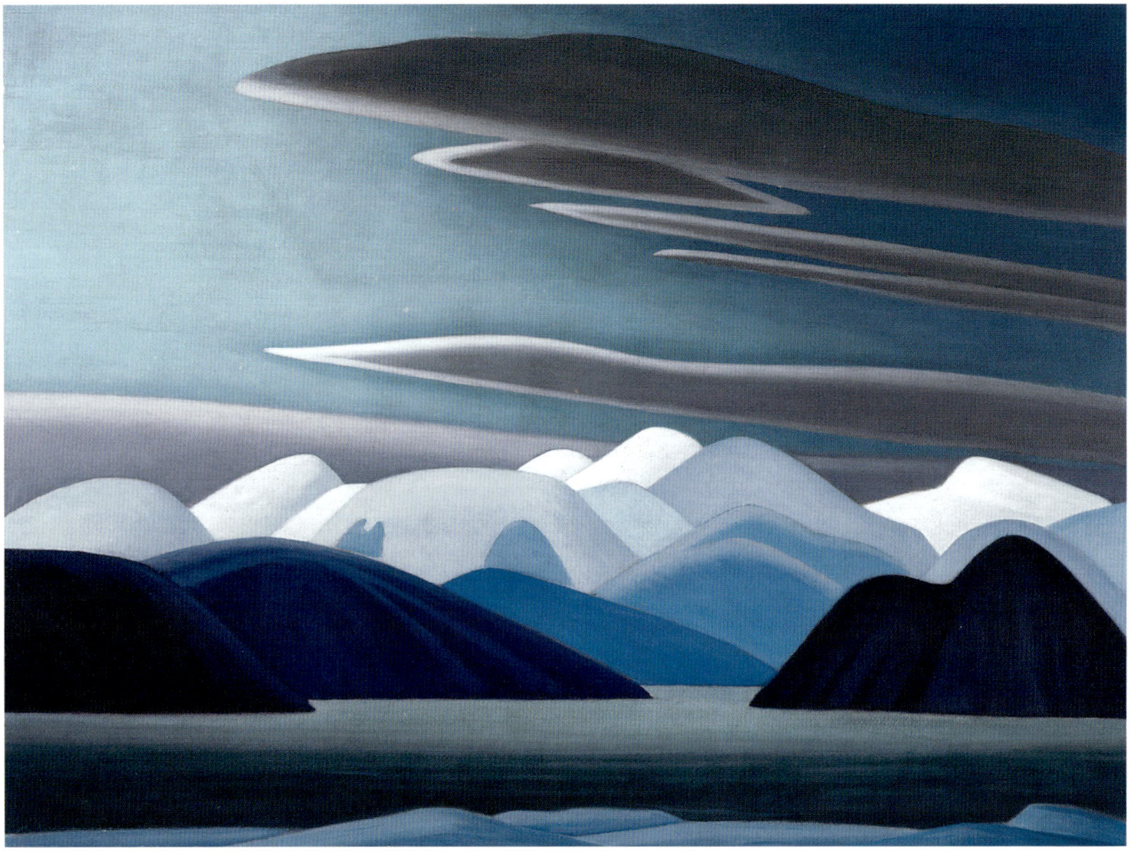

Lawren Harris, *North Shore, Baffin Island I / Côte nord, île de Baffin I*, c. / v. 1930

Oil on canvas; 81.4 x 107.5 cm. Gift of the artist, Vancouver, 1960. 5008
Huile sur toile; 81,4 x 107,5 cm. Don de l'artiste, Vancouver, 1960. 5008

1

2

3

4

5

6

7

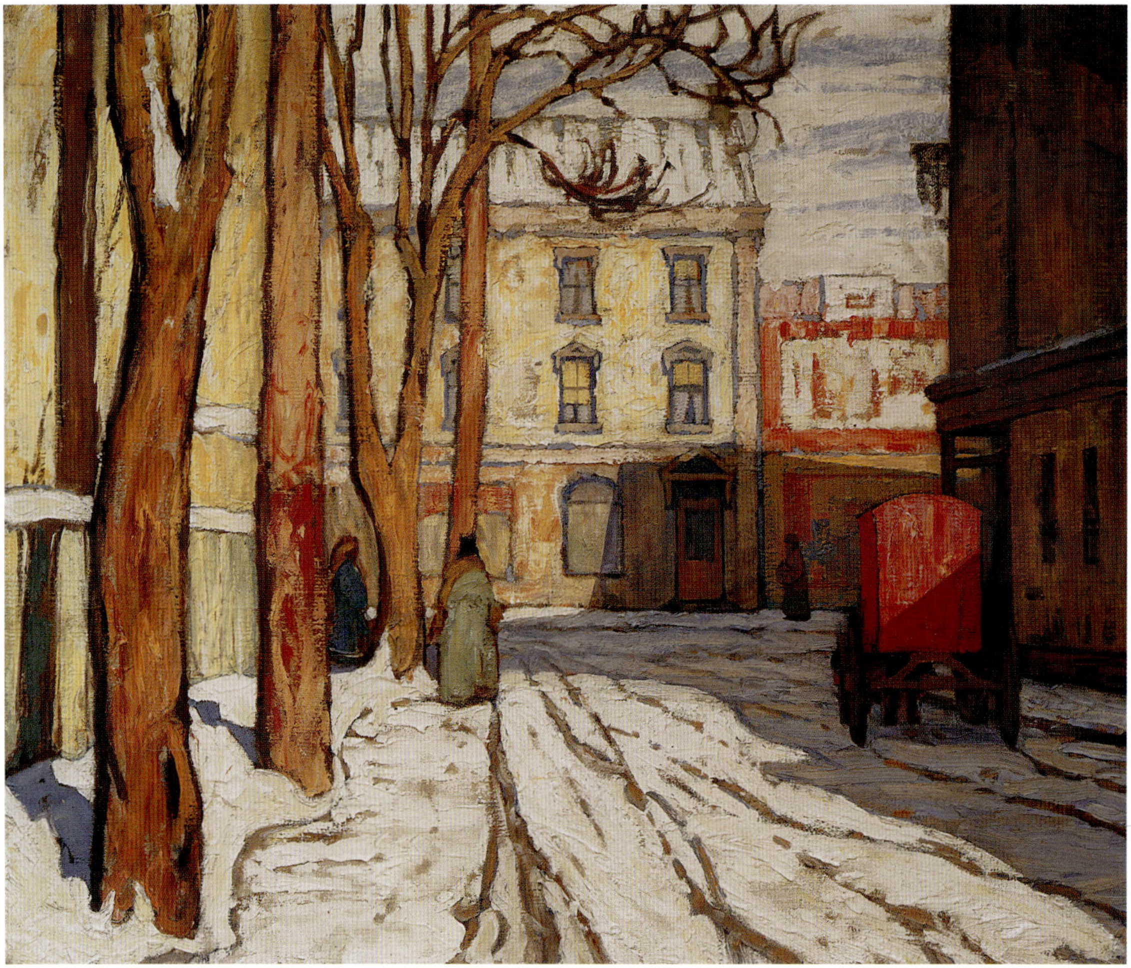

Lawren Harris, *Toronto Street, Winter Morning / Rue de Toronto, un matin d'hiver,* 1920

Oil on canvas; 97.5 x 112.2 cm. Gift of the artist, Vancouver, 1960. 5010
Huile sur toile; 97,5 x 112,2 cm. Don de l'artiste, Vancouver, 1960. 5010

8

9

10

11

12

13

14

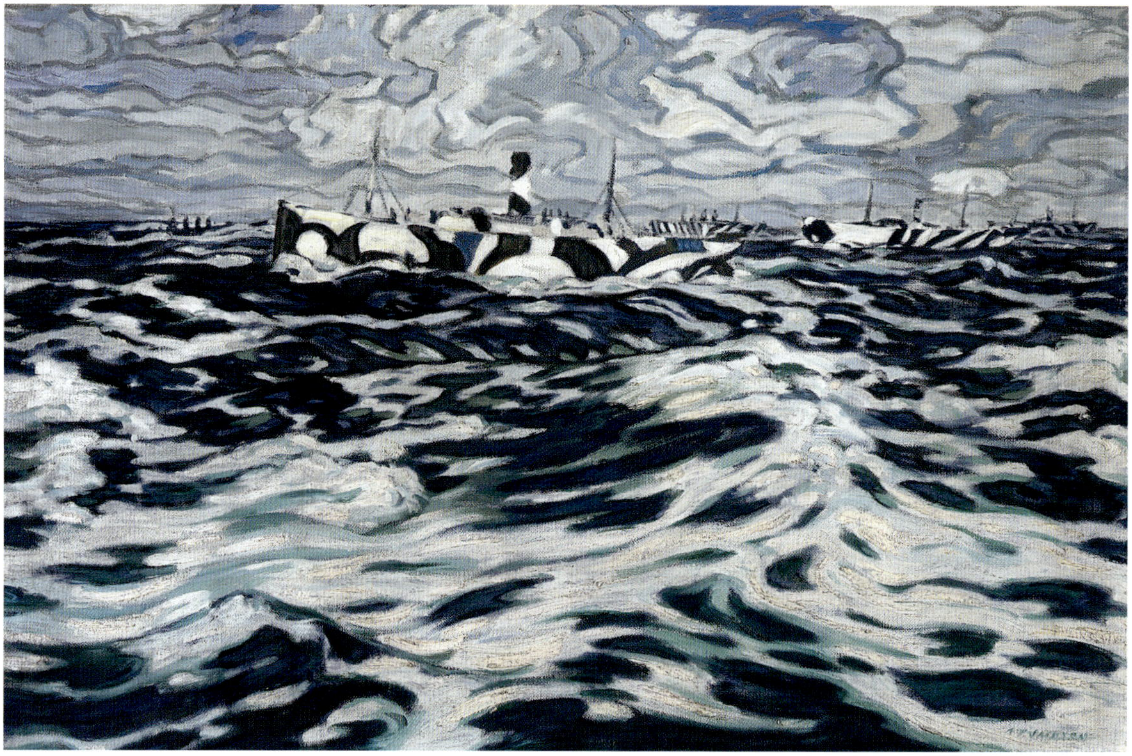

A.Y. Jackson, *The Convoy / Le convoi*, 1919

Oil on canvas; 61.4 x 92.5 cm. Royal Canadian Academy of Arts diploma work, deposited by the artist, Toronto, 1921. 1817
Courtesy of the Estate of the late Dr. Naomi Jackson Groves

Huile sur toile; 61,4 x 92,5 cm. Morceau de réception à l'Académie royale des arts du Canada, déposé par l'artiste, Toronto, 1921. 1817
Avec la permission de la succession de feu Dre Naomi Jackson Groves

15

16

17

18

19

20

21

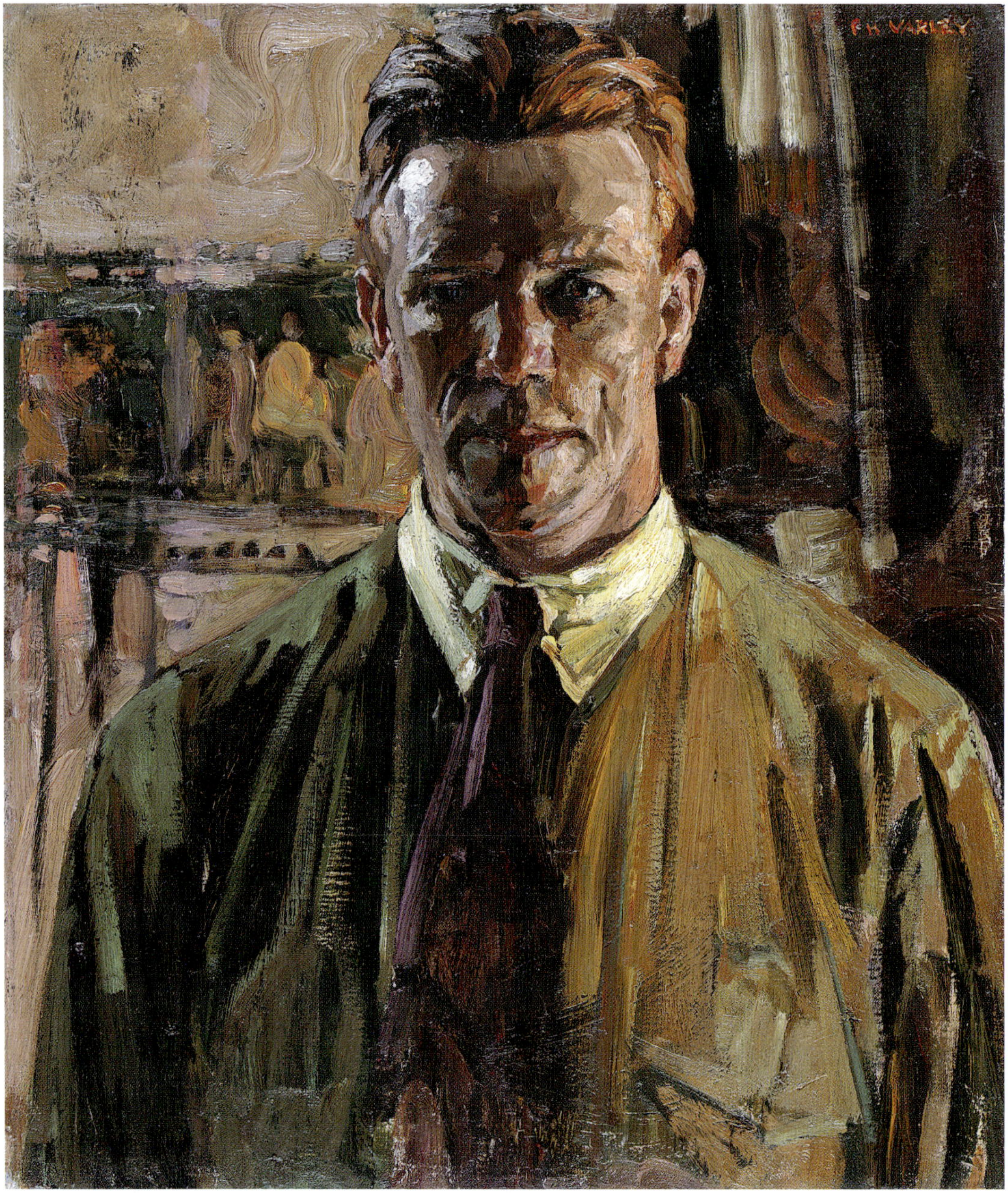

F.H. Varley, *Self-portrait / Autoportrait,* 1919

Oil on canvas; 60.5 x 51.0 cm. Purchased 1936. 4272. Copyright 2006 Estate of Kathleen G. McKay

Huile sur toile; 60,5 x 51,0 cm. Acheté en 1936. 4272. Copyright 2006 Succession de Kathleen G. McKay

22

23

24

25

26

27

28

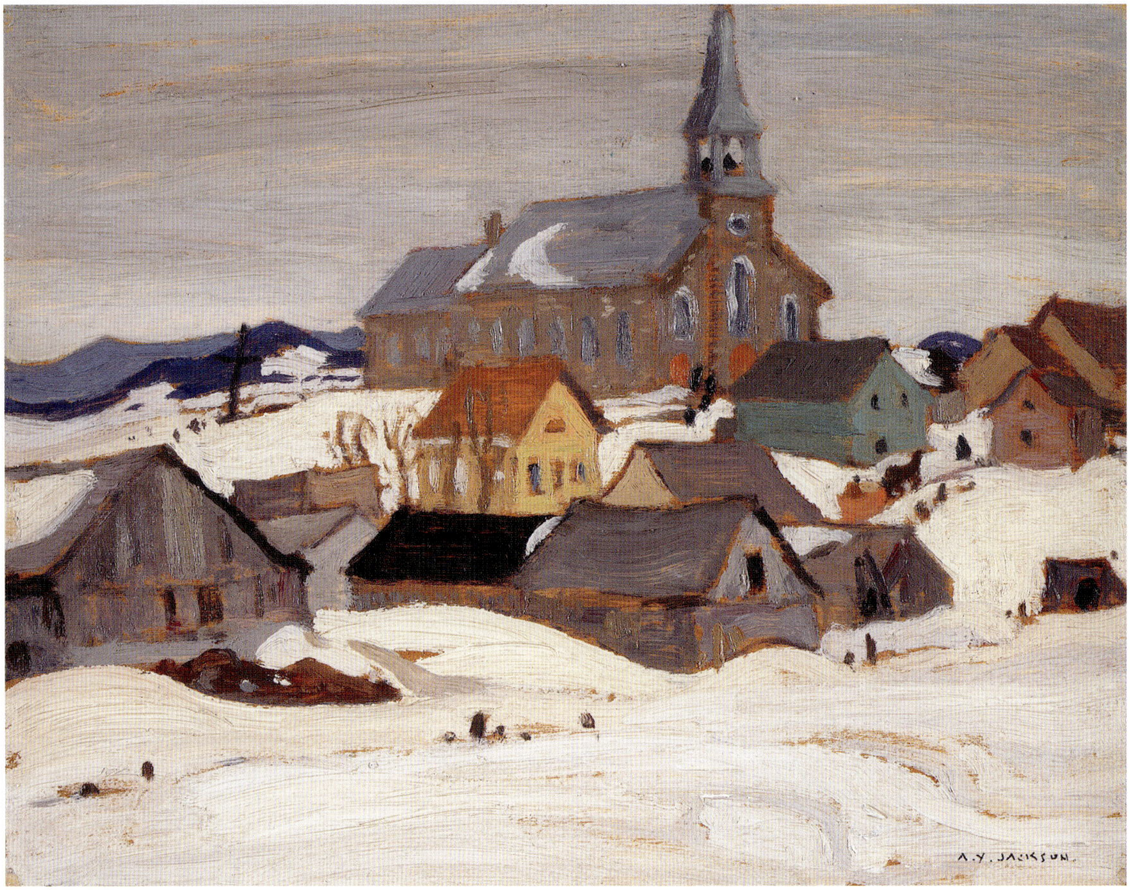

A.Y. Jackson, *Saint-Hilarion / Saint-Hilarion,* 1926

Oil on wood; 21.1 x 26.8 cm. Vincent Massey Bequest, 1968. 15487. Courtesy of the Estate of the late Dr. Naomi Jackson Groves

Huile sur bois; 21,1 x 26,8 cm. Legs de Vincent Massey, 1968. 15487. Avec la permission de la succession de feu Dre Naomi Jackson Groves

29

30

31

1

FEBRUARY / FEVRIER

2

3

4

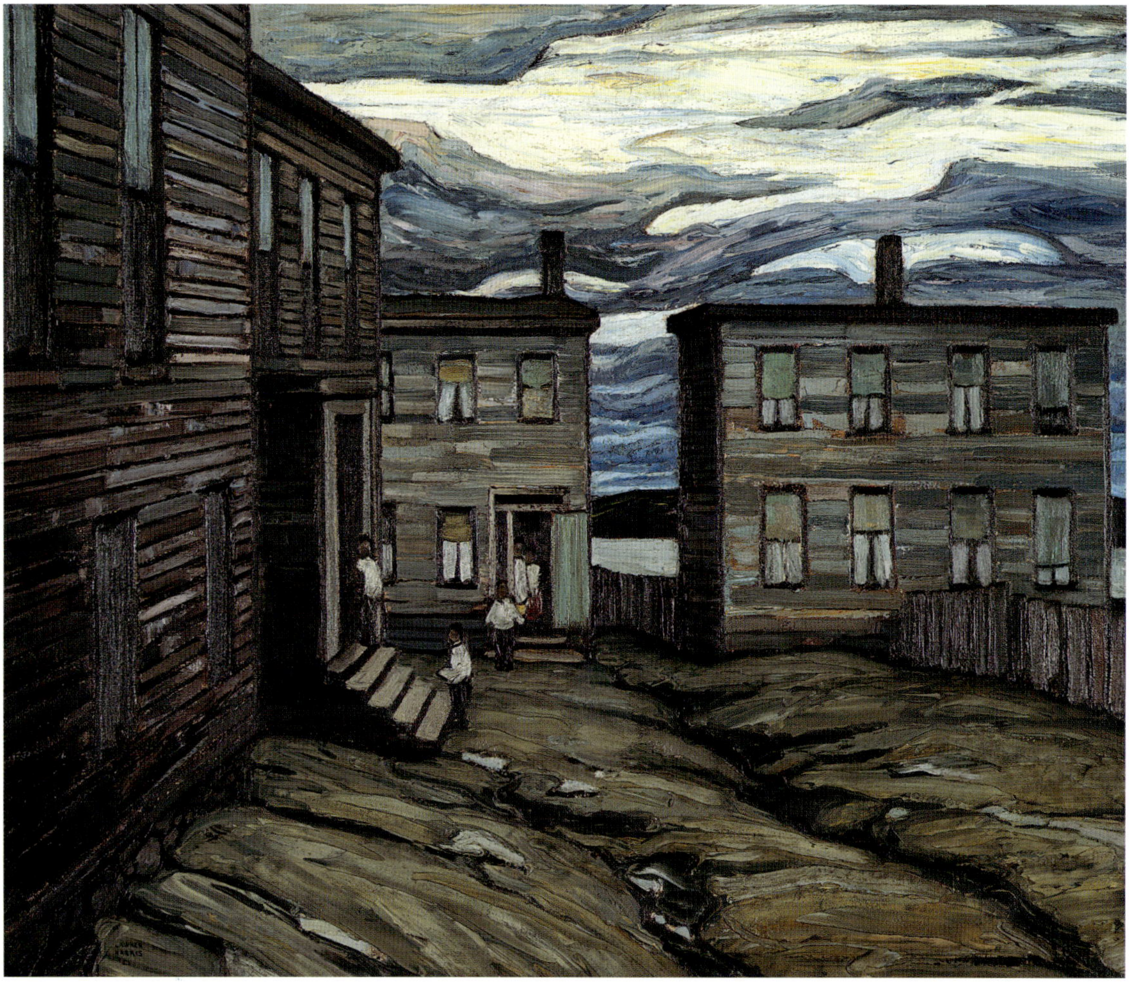

Lawren Harris, *Black Court, Halifax / L'impasse Black, à Halifax,* 1921

Oil on canvas; 97.1 x 112.0 cm. Gift of the artist, Vancouver, 1960. 5007
Huile sur toile; 97,1 x 112,0 cm. Don de l'artiste, Vancouver, 1960. 5007

5

6

7

8

9

10

11

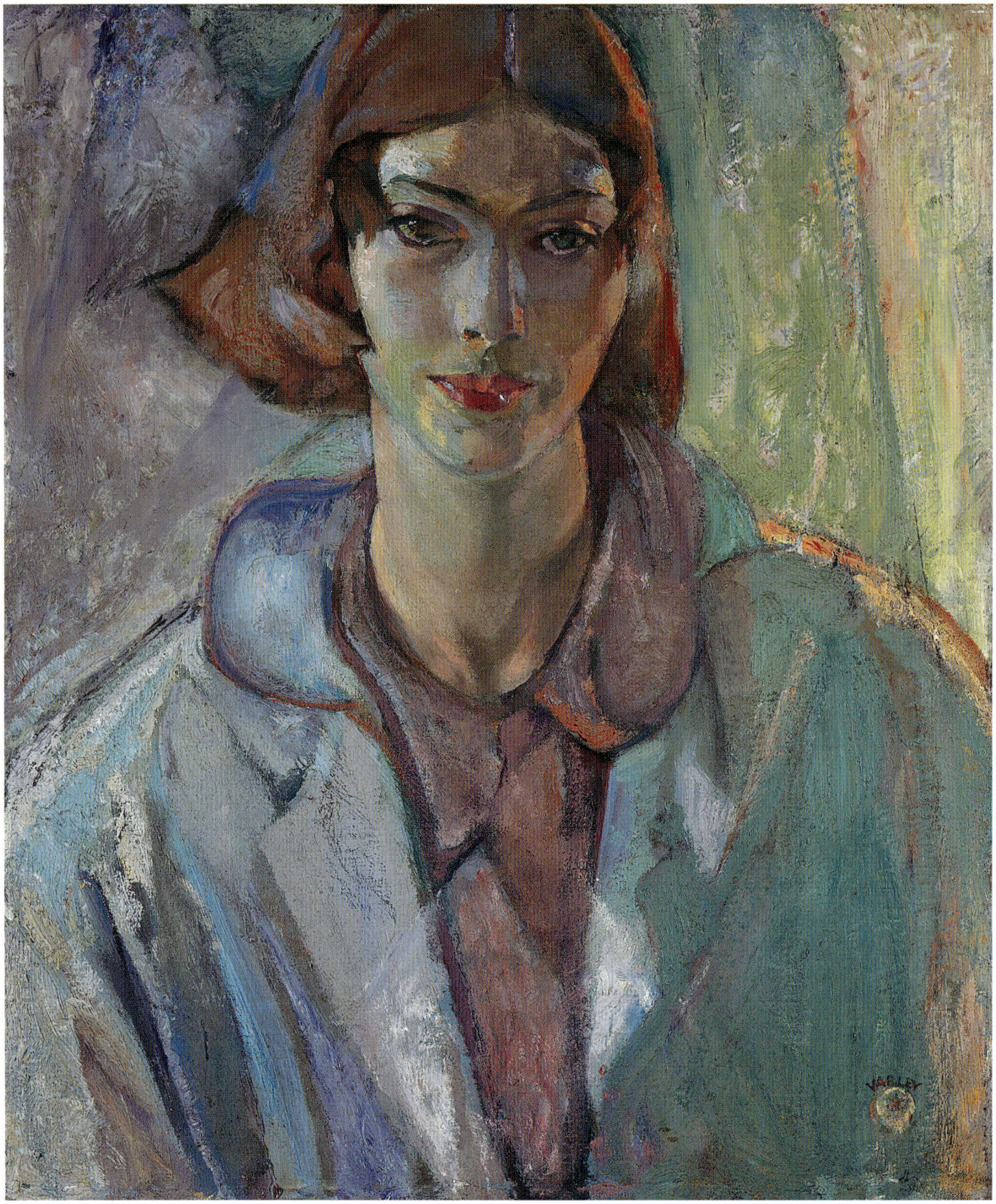

F.H. Varley, *Vera*, 1931

Oil on canvas; 61.0 x 50.6 cm. Vincent Massey Bequest, 1968. 15559. Copyright 2006 Estate of Kathleen G. McKay

Huile sur toile; 61,0 x 50,6 cm. Legs de Vincent Massey, 1968. 15559. Copyright 2006 Succession de Kathleen G. McKay

12

13

14

15

16

17

18

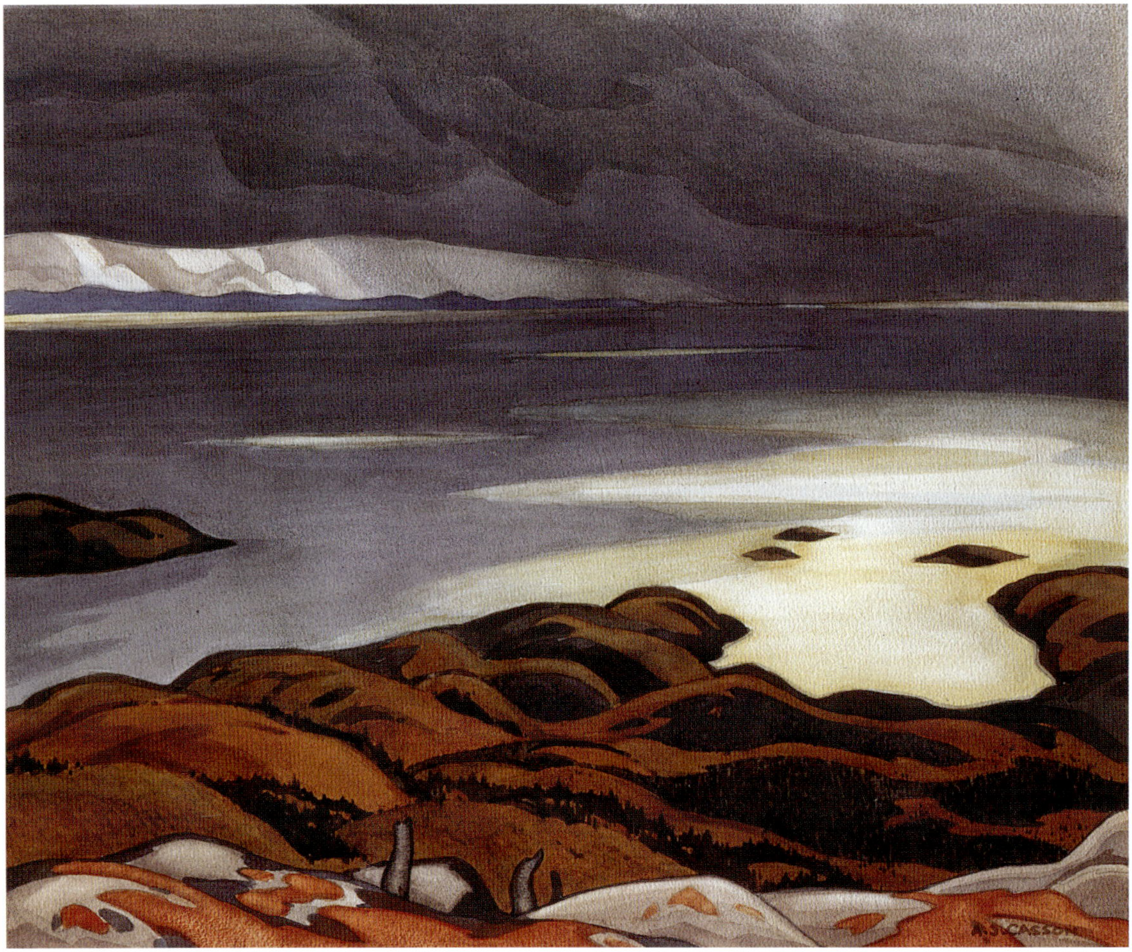

A.J. Casson, *Approaching Storm, Lake Superior / À l'approche de l'orage sur le lac Supérieur,* c. / v. 1929–1930

Watercolour over graphite on wove paper; 46.9 x 57.0 cm. Purchased 1931. 3950
Aquarelle sur mine de plomb sur papier vélin; 46,9 x 57,0 cm. Acheté en 1931. 3950

19

20

21

22

23

24

25

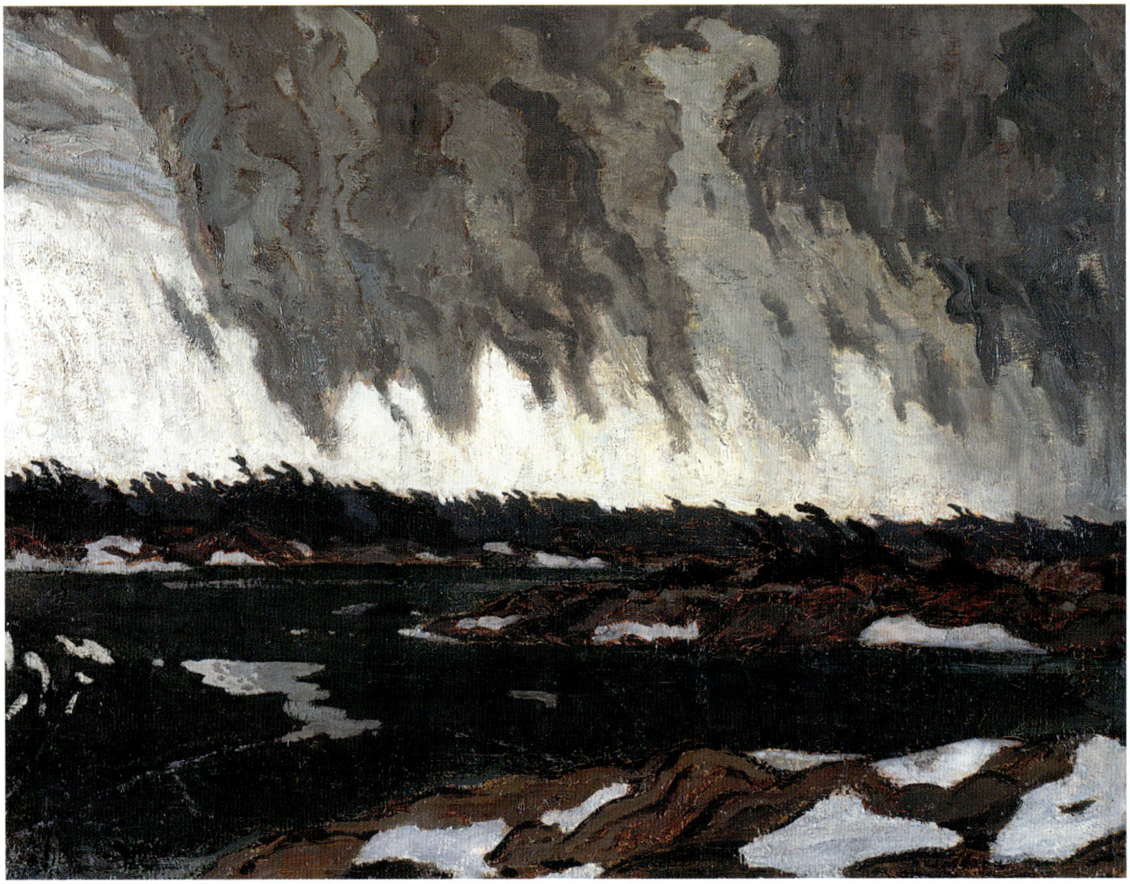

A.Y. Jackson, *March Storm, Georgian Bay / Tempête de mars, baie Georgienne,* 1920

Oil on canvas; 63.5 x 81.3 cm. Bequest of Dr. J.M. MacCallum, Toronto, 1944. 5051
Courtesy of the Estate of the late Dr. Naomi Jackson Groves

Huile sur toile; 63,5 x 81,3 cm. Legs du Dr J.M. MacCallum, Toronto, 1944. 5051
Avec la permission de la succession de feu Dre Naomi Jackson Groves

26

27

28

29

March / Mars

1

2

3

4

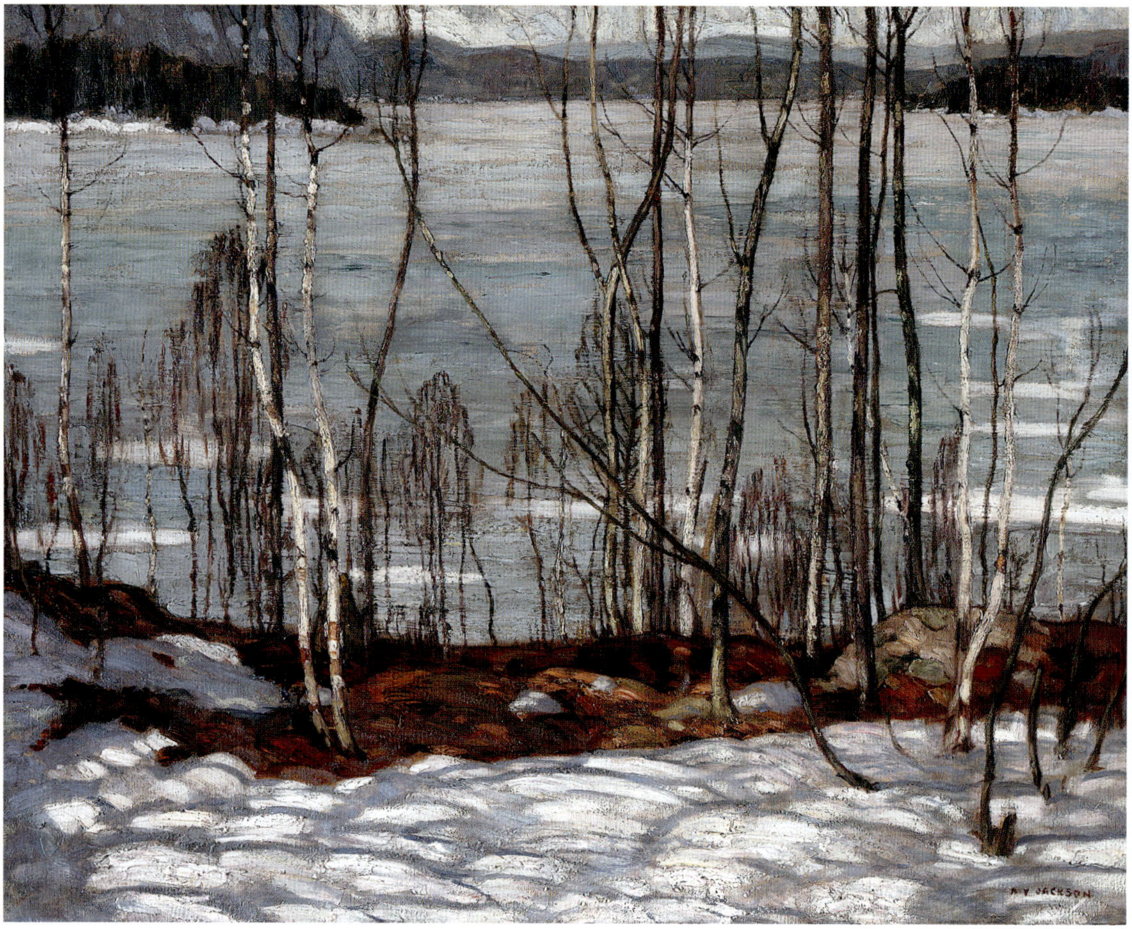

A.Y. Jackson, *Frozen Lake, Early Spring, Algonquin Park / Lac gelé au début du printemps, parc Algonquin*, 1914

Oil on canvas; 81.4 x 99.4 cm. Bequest of Dr. J.M. MacCallum, Toronto, 1944. 4732
Courtesy of the Estate of the late Dr. Naomi Jackson Groves

Huile sur toile; 81,4 x 99,4 cm. Legs du Dr J.M. MacCallum, Toronto, 1944. 4732
Avec la permission de la succession de feu Dre Naomi Jackson Groves

5

6

7

8

9

10

11

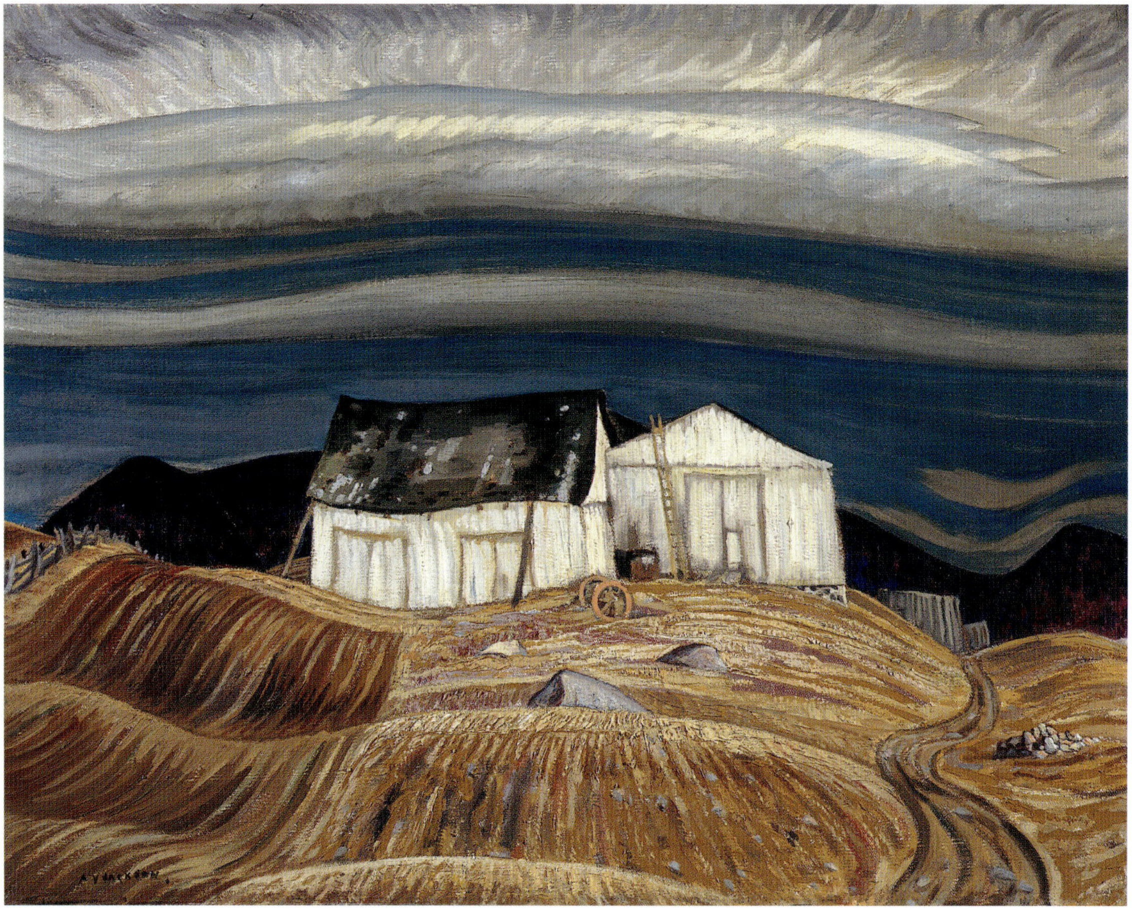

A.Y. Jackson, *A Quebec Farm / Une ferme du Québec,* c. / v. 1930

Oil on canvas; 82.0 x 102.3 cm. Vincent Massey Bequest, 1968. 15481
Courtesy of the Estate of the late Dr. Naomi Jackson Groves

Huile sur toile; 82,0 x 102,3 cm. Legs de Vincent Massey, 1968. 15481
Avec la permission de la succession de feu Dre Naomi Jackson Groves

12

13

14

15

16

17

18

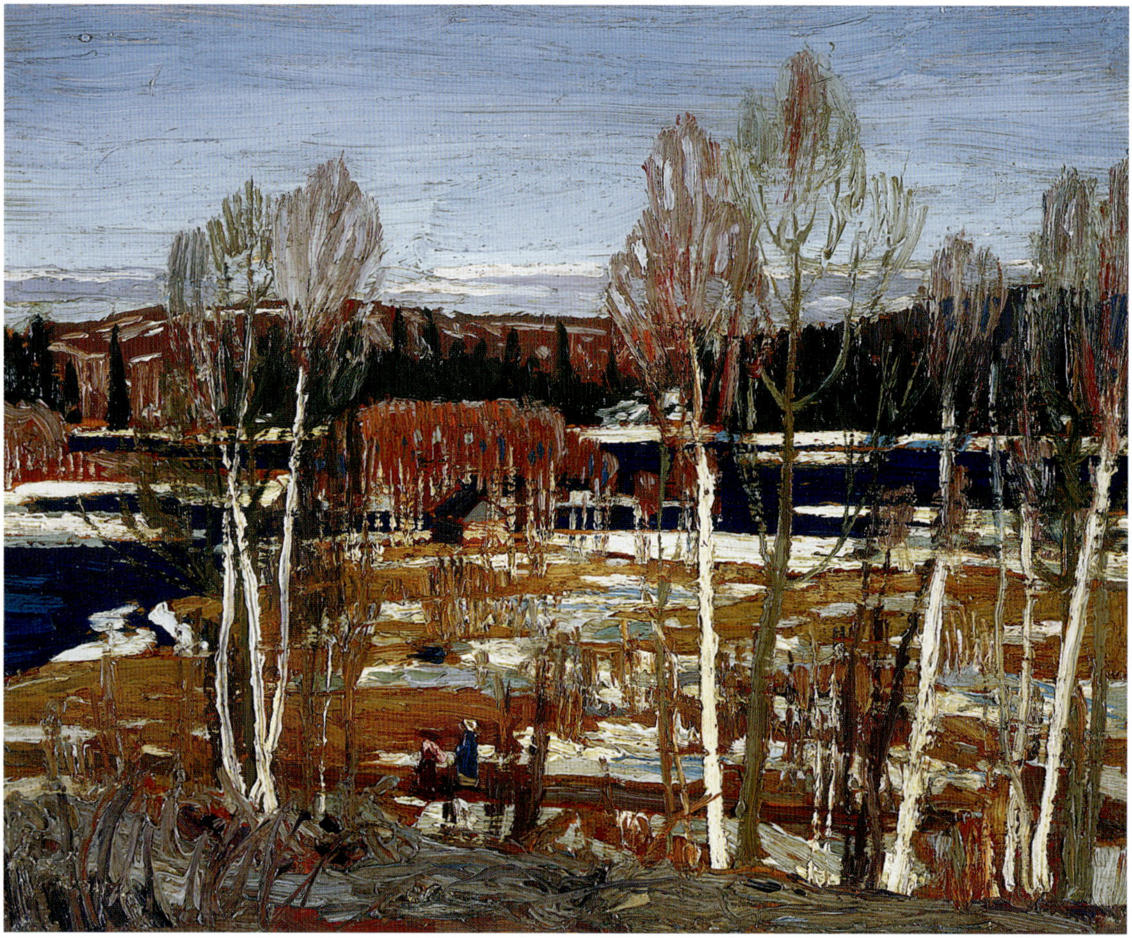

Tom Thomson, *Larry Dickson's Cabin / La cabane de Larry Dickson,* 1917

Oil on wood; 21.3 x 26.6 cm. Purchased 1918. 1528
Huile sur bois; 21,3 x 26,6 cm. Acheté en 1918. 1528

19

20

21

22

23

24

25

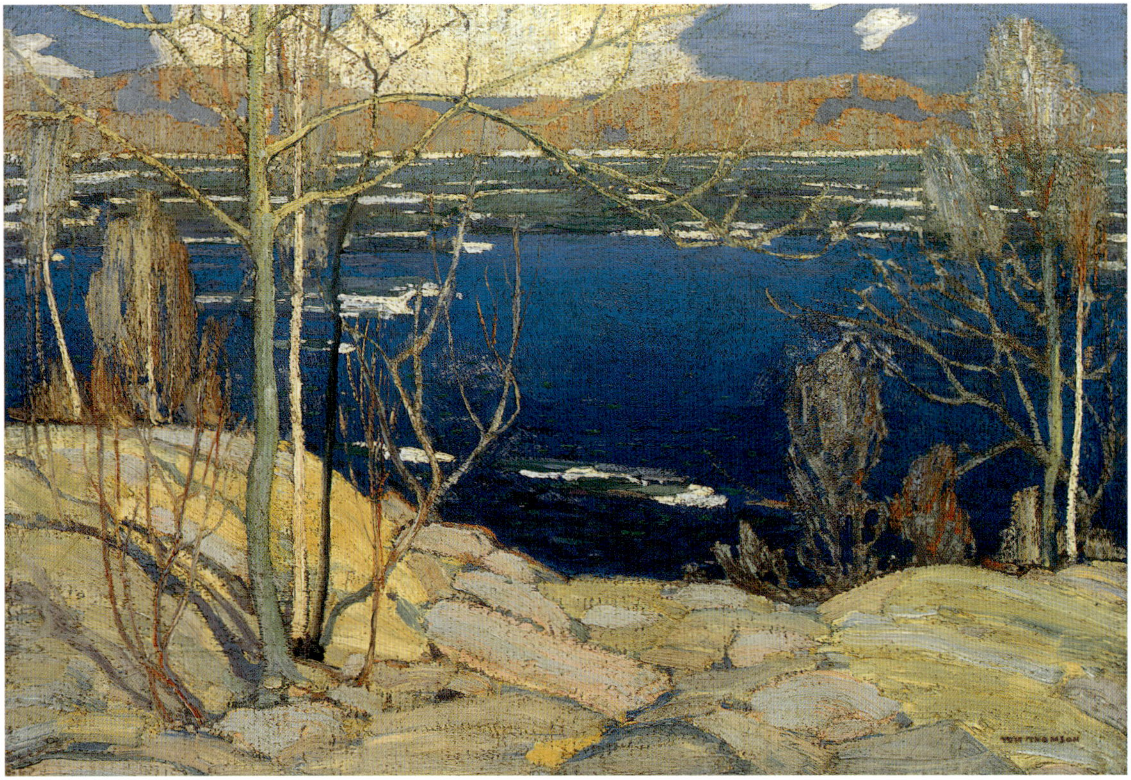

Tom Thomson, *Spring Ice / Débâcle*, 1916

Oil on canvas; 72.0 x 102.3 cm. Purchased 1916. 1195
Huile sur toile; 72,0 x 102,3 cm. Acheté en 1916. 1195

26

27

28

29

30

31

1 April / Avril

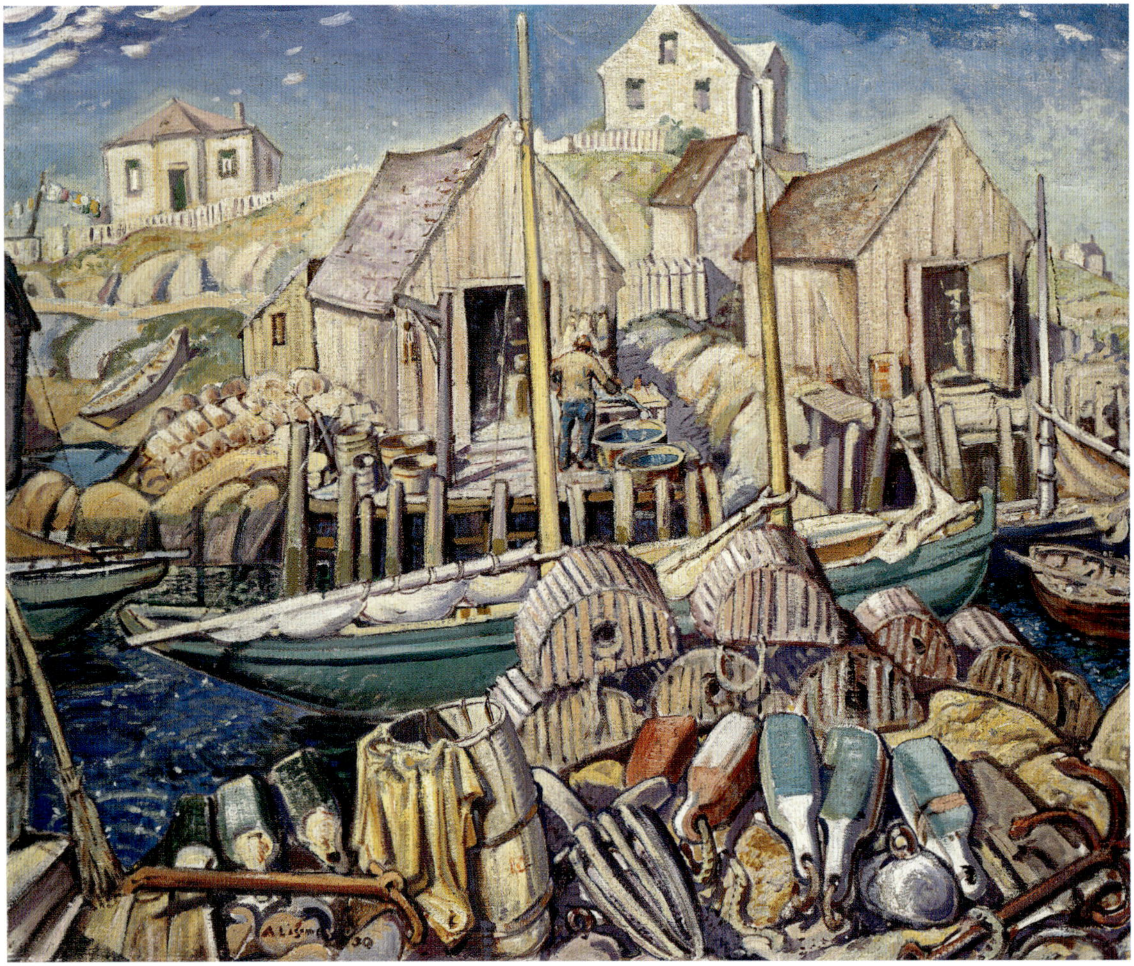

Arthur Lismer, *Nova Scotia Fishing Village / Village de pêcheurs en Nouvelle-Écosse,* 1930

Oil on canvas; 92.5 x 107.4 cm. Purchased 1936. 4280
Huile sur toile; 92,5 x 107,4 cm. Acheté en 1936. 4280

2

3

4

5

6

7

8

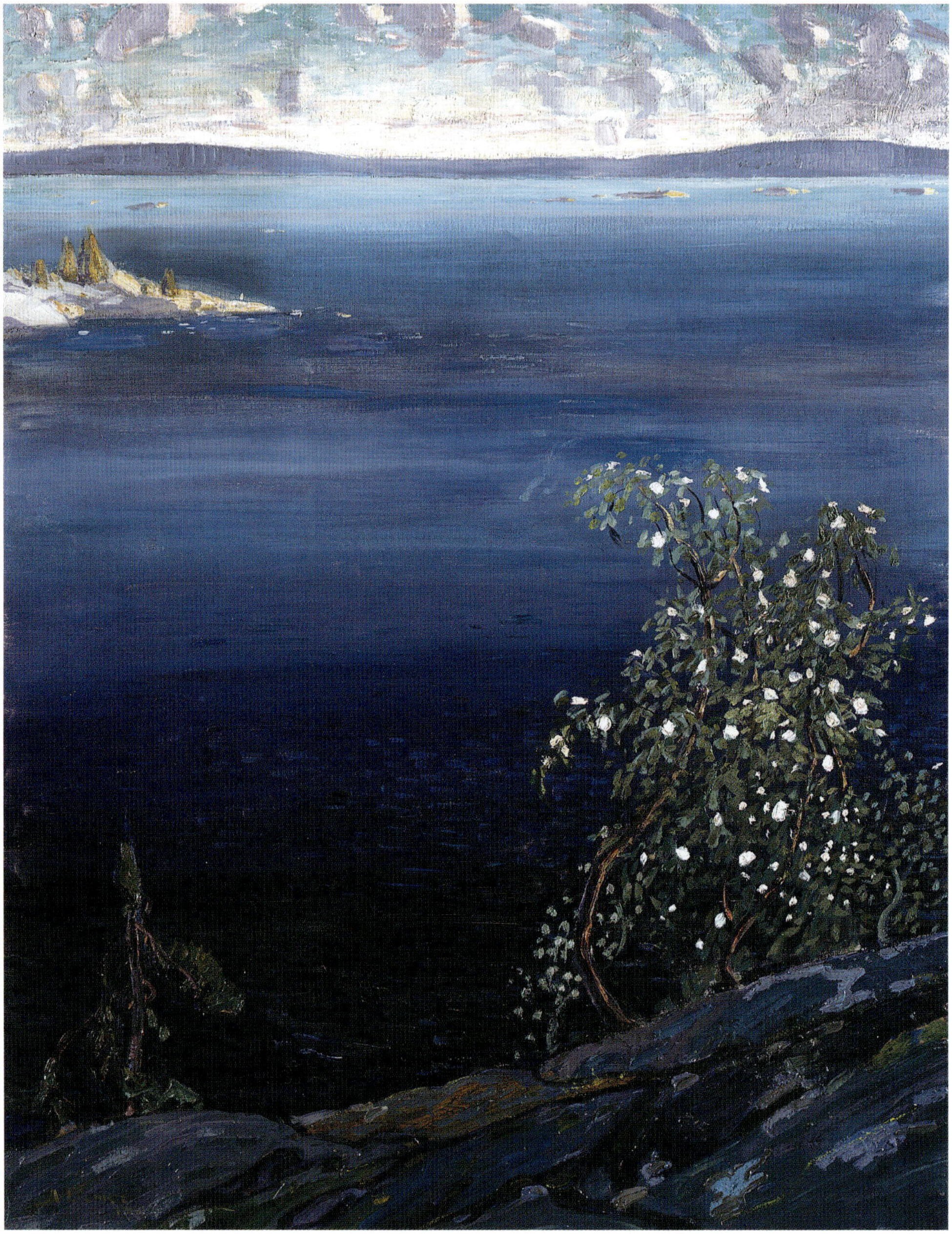

Arthur Lismer, *Georgian Bay, Spring / La baie Georgienne, au printemps,* 1917

Oil on canvas; 91.5 x 70.8 cm. Bequest of Dr. J.M. MacCallum, Toronto, 1944. 4733
Huile sur toile; 91,5 x 70,8 cm. Legs du Dr J.M. MacCallum, Toronto, 1944. 4733

9

10

11

12

13

14

15

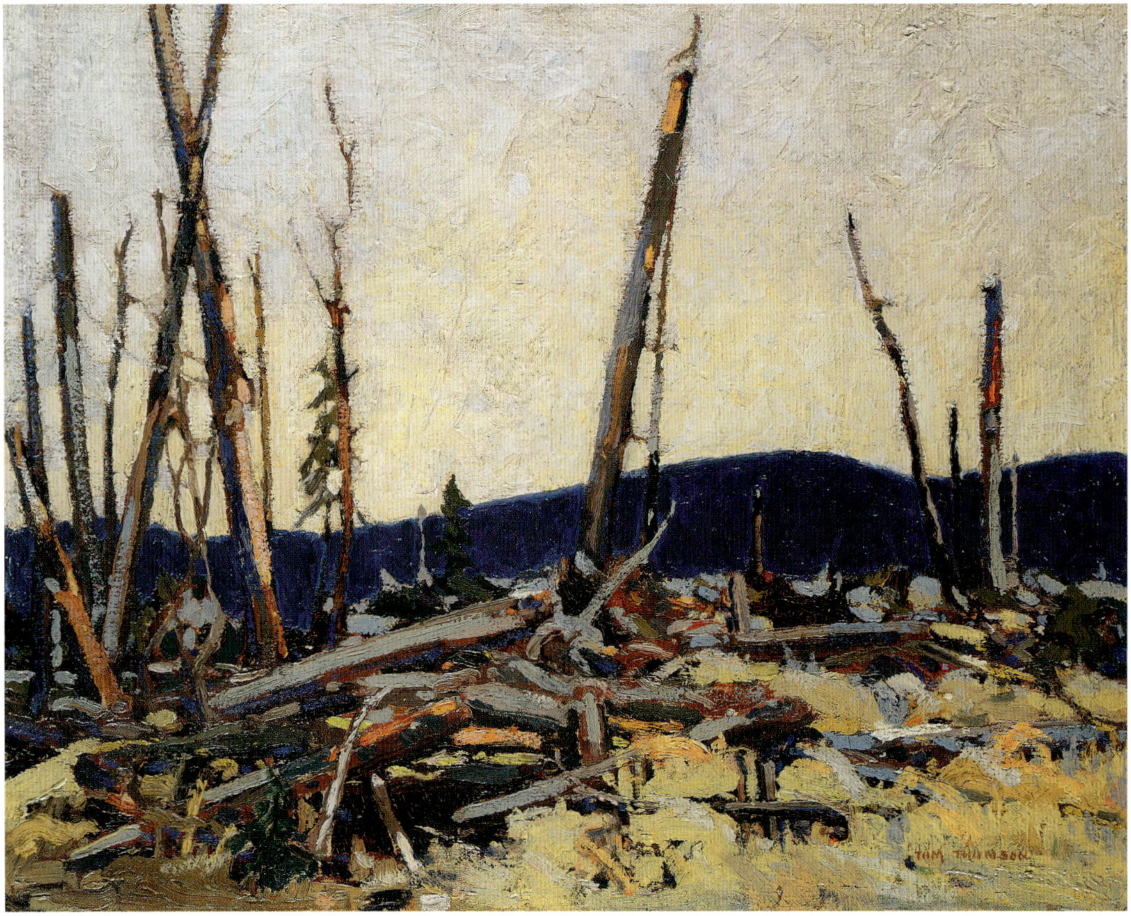

Tom Thomson, *Burnt Land / Terre brûlée*, c. / v. 1915

Oil on canvas; 54.6 × 66.7 cm. Purchased 1937. 4299
Huile sur toile; 54,6 x 66,7 cm. Acheté en 1937. 4299

16

17

18

19

20

21

22

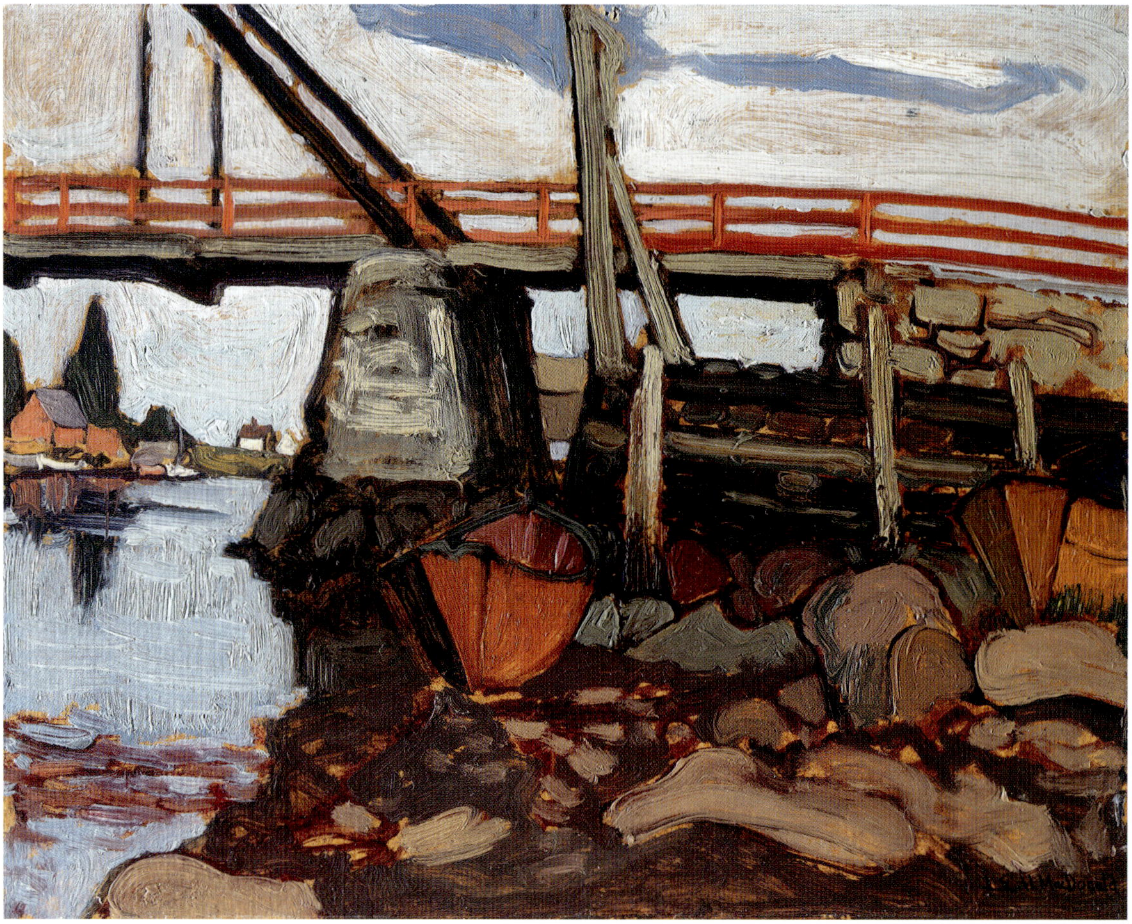

J.E.H. MacDonald, *Bridge at Petite Rivière, Nova Scotia / Le pont de la Petite Rivière, Nouvelle-Écosse*, 1922

Oil on cardboard; 21.4 x 26.3 cm. Purchased 1939. 4522

Huile sur carton; 21,4 x 26,3 cm. Acheté en 1939. 4522

23

24

25

26

27

28

29

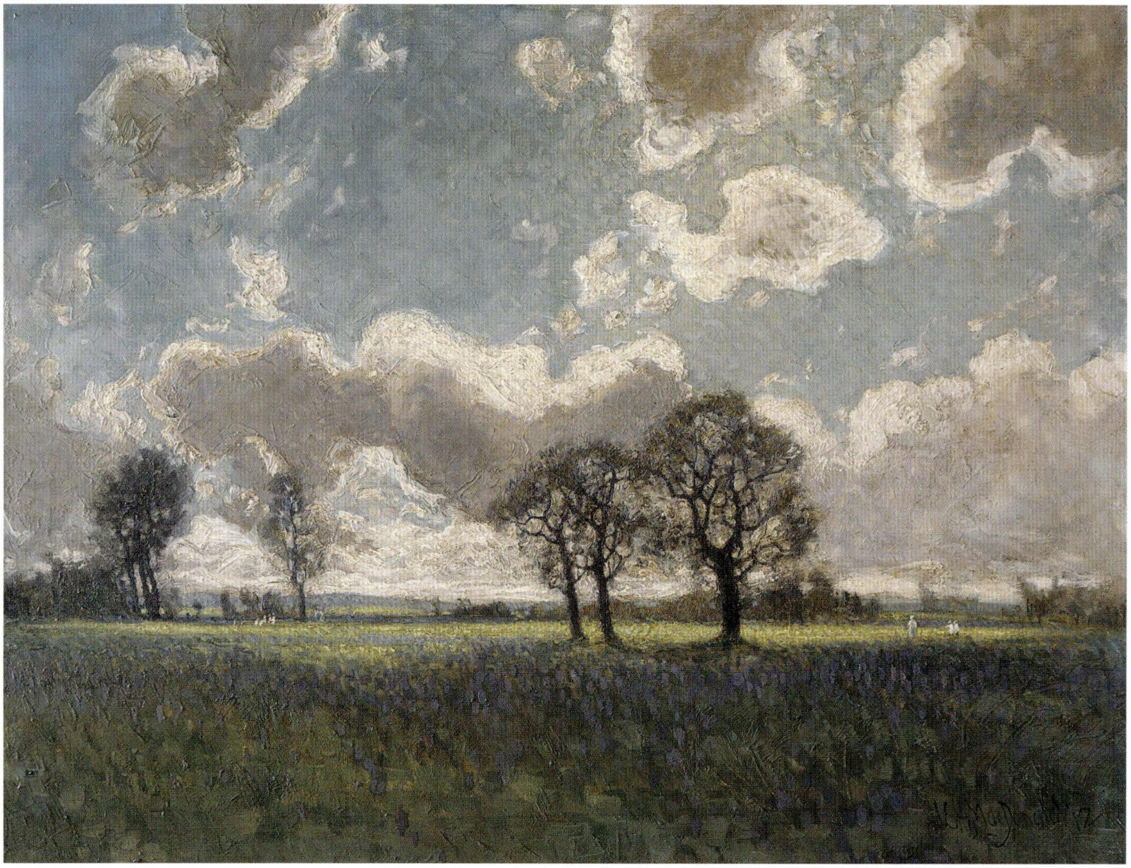

J.E.H. MacDonald, *Spring Breezes, High Park / Brises de printemps, High Park,* 1912

Oil on canvas; 71.1 x 92.2 cm. Purchased 1948. 4874
Huile sur toile; 71,1 x 92,2 cm. Acheté en 1948. 4874

30

1

May / Mai

2

3

4

5

6

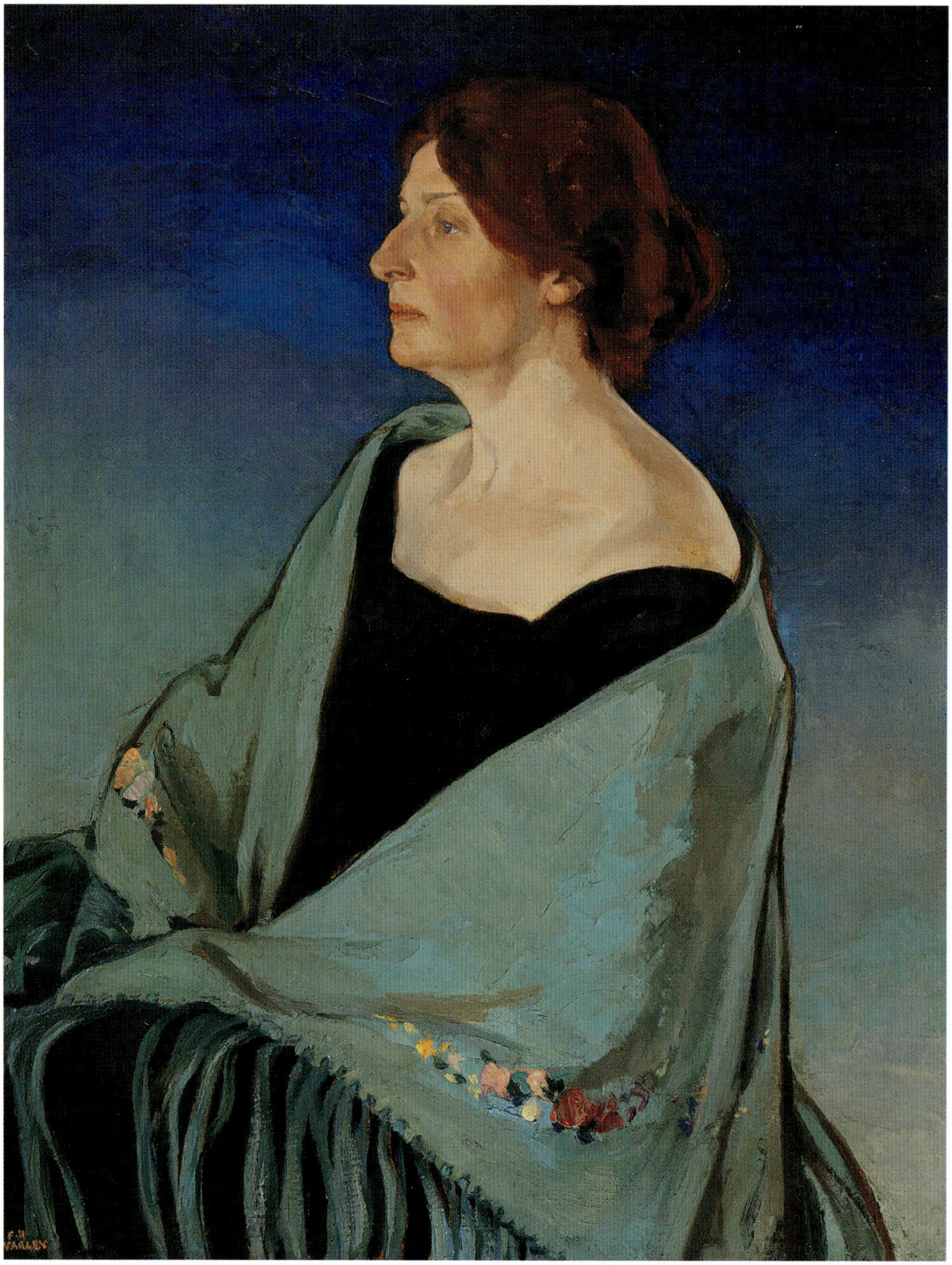

F.H. Varley, *Alice Massey*, c. / v. 1924–1925

Oil on canvas; 82.0 x 61.7 cm. Vincent Massey Bequest, 1968. 15558. Copyright 2006 Estate of Kathleen G. McKay

Huile sur toile; 82,0 x 61,7 cm. Legs de Vincent Massey, 1968. 15558. Copyright 2006 Succession de Kathleen G. McKay

7

8

9

10

11

12

13

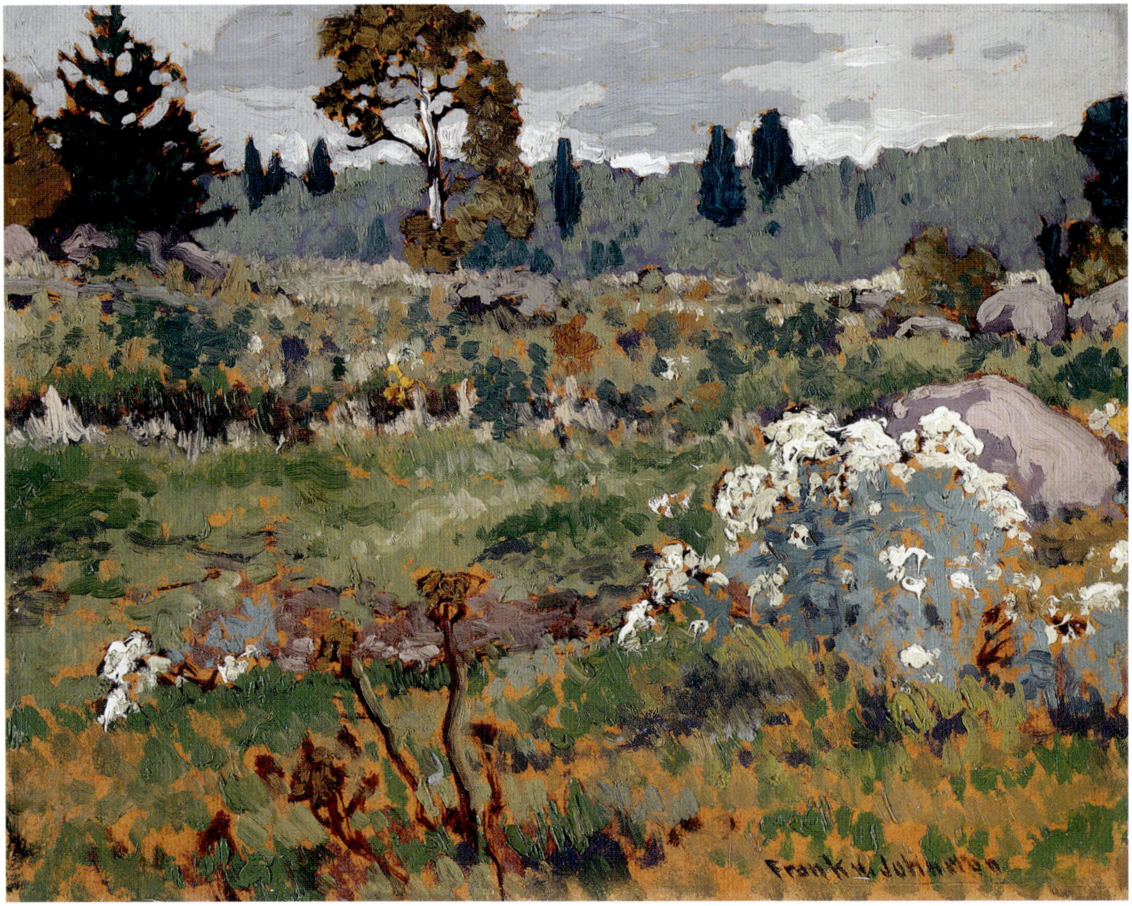

Frank Johnston, *Near the Berry Patch* / *Près des baies sauvages,* c. / v. 1920

Oil on paperboard; 26.9 x 33.2 cm. Purchased 1958. 6940

Huile sur carton fort; 26,9 x 33,2 cm. Acheté en 1958. 6940

14

15

16

17

18

19

20

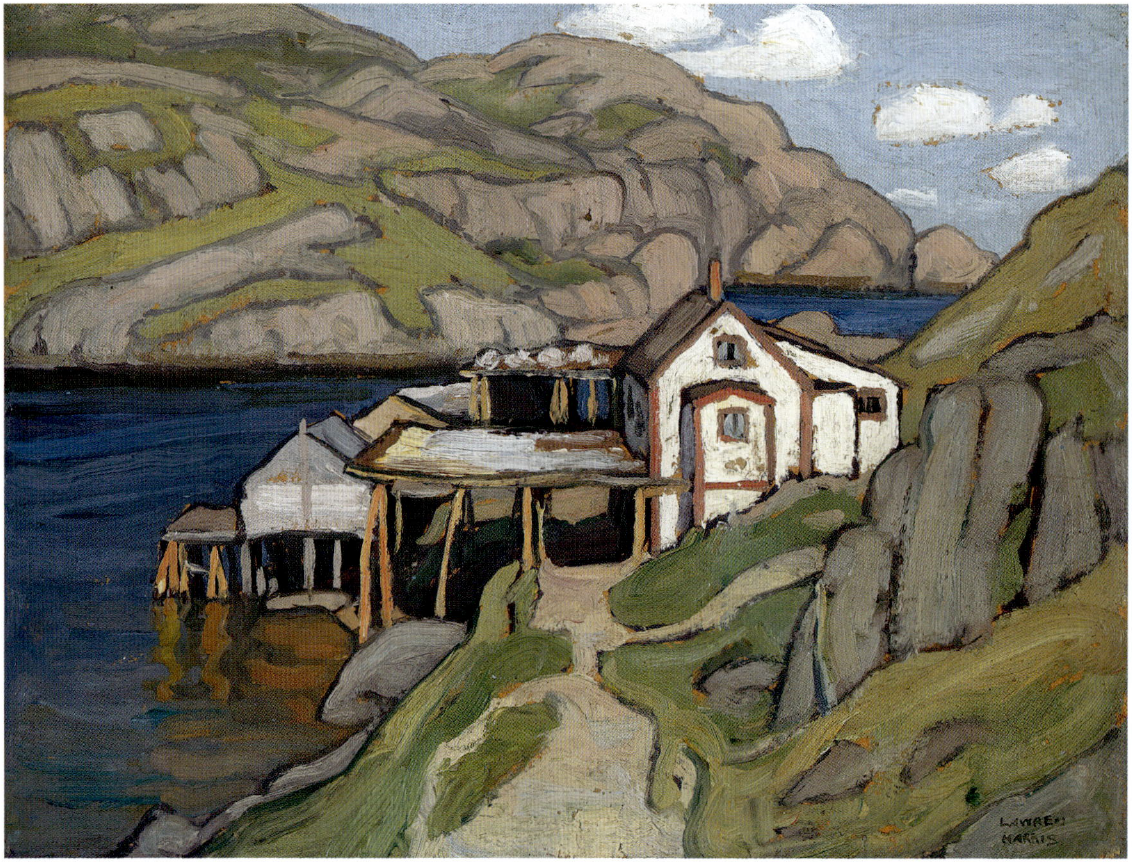

Lawren Harris, *Fish Stage, Quidi Vidi, Newfoundland / Séchoir à filets, Quidi Vidi, Terre-Neuve*, 1921

Oil on beaverboard; 26.6 x 35.0 cm.

Gift of Leanora D. McCarney, Hull, Quebec, 1988, in memory of her parents Ethel and Frank De Rice. 30151

Huile sur panneau de fibres; 26,6 x 35,0 cm.

Don de Leanora D. McCarney, Hull (Québec), 1988, à la mémoire de ses parents Ethel et Frank De Rice, 30151

21

22

23

24

25

26

27

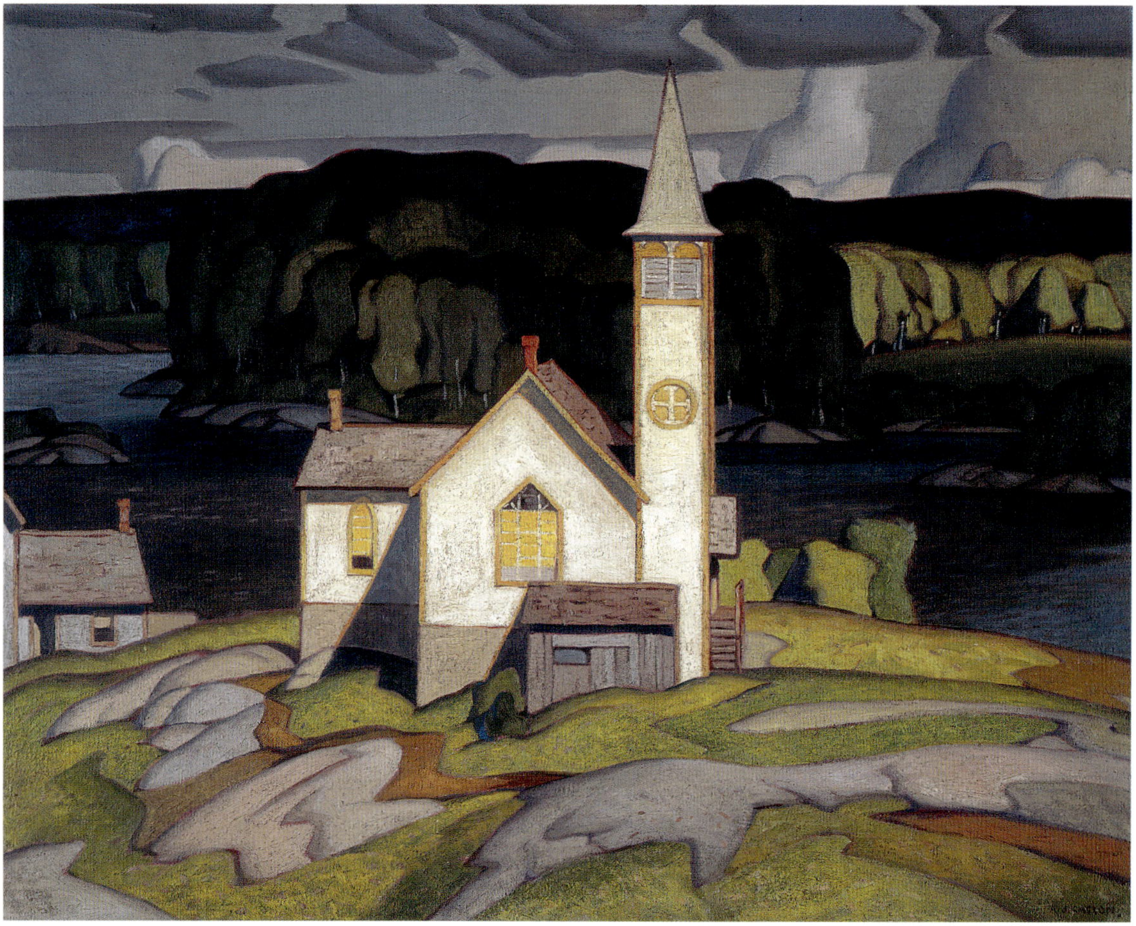

A.J. Casson, *Anglican Church at Magnetawan / Église anglicane à Magnetawan*, 1933

Oil on Canvas; 94.2 x 115.0 cm. Purchased 1939. 4270
Huile sur toile; 94,2 x 115,0 cm. Acheté en 1939. 4270

28

29

30

31

1 June / Juin

2

3

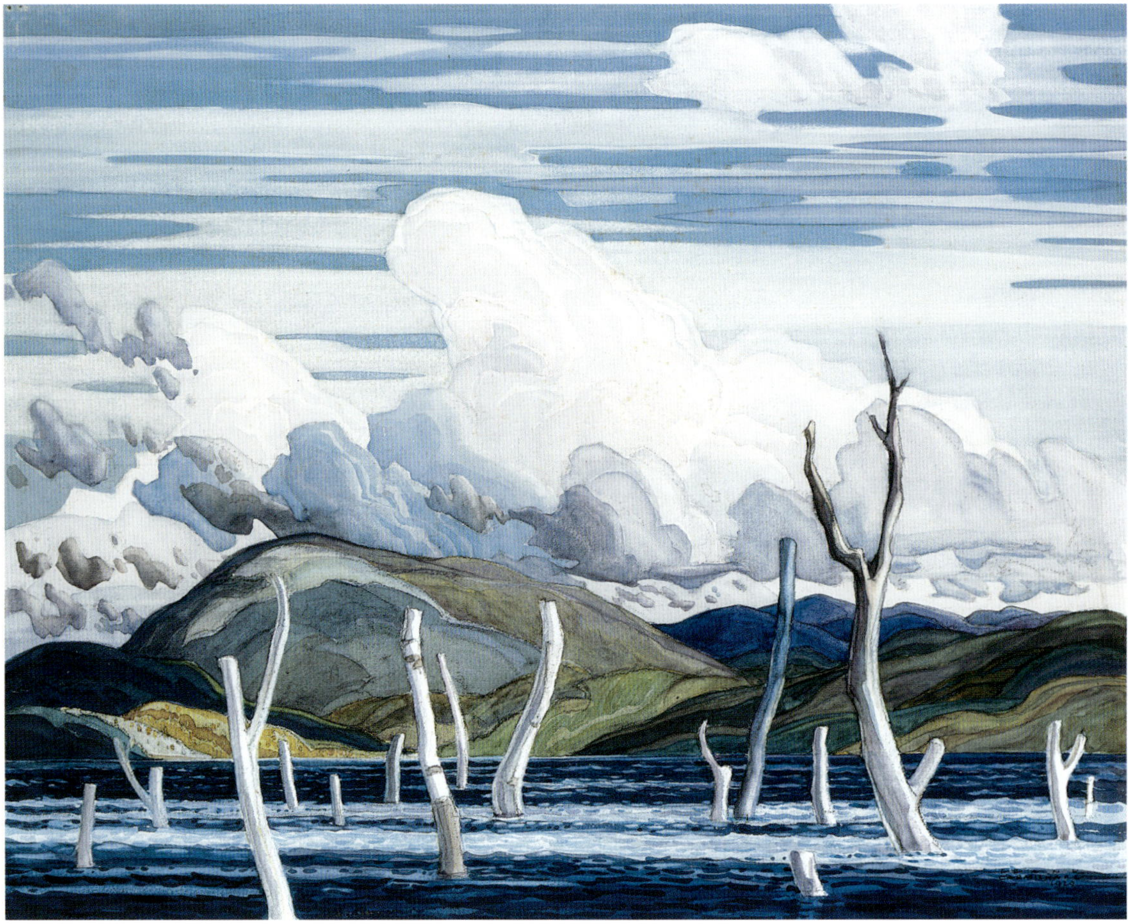

Frank Carmichael, *Wabajisik: Drowned Land / Wabajisik: Terrain noyé,* 1929

Watercolour and gouache over charcoal on wove paper; 51.8 x 69.8 cm. Purchased 1993. 37158

Aquarelle et gouache sur fusain sur papier vélin; 51,8 x 69,8 cm. Acheté en 1993. 37158

4

5

6

7

8

9

10

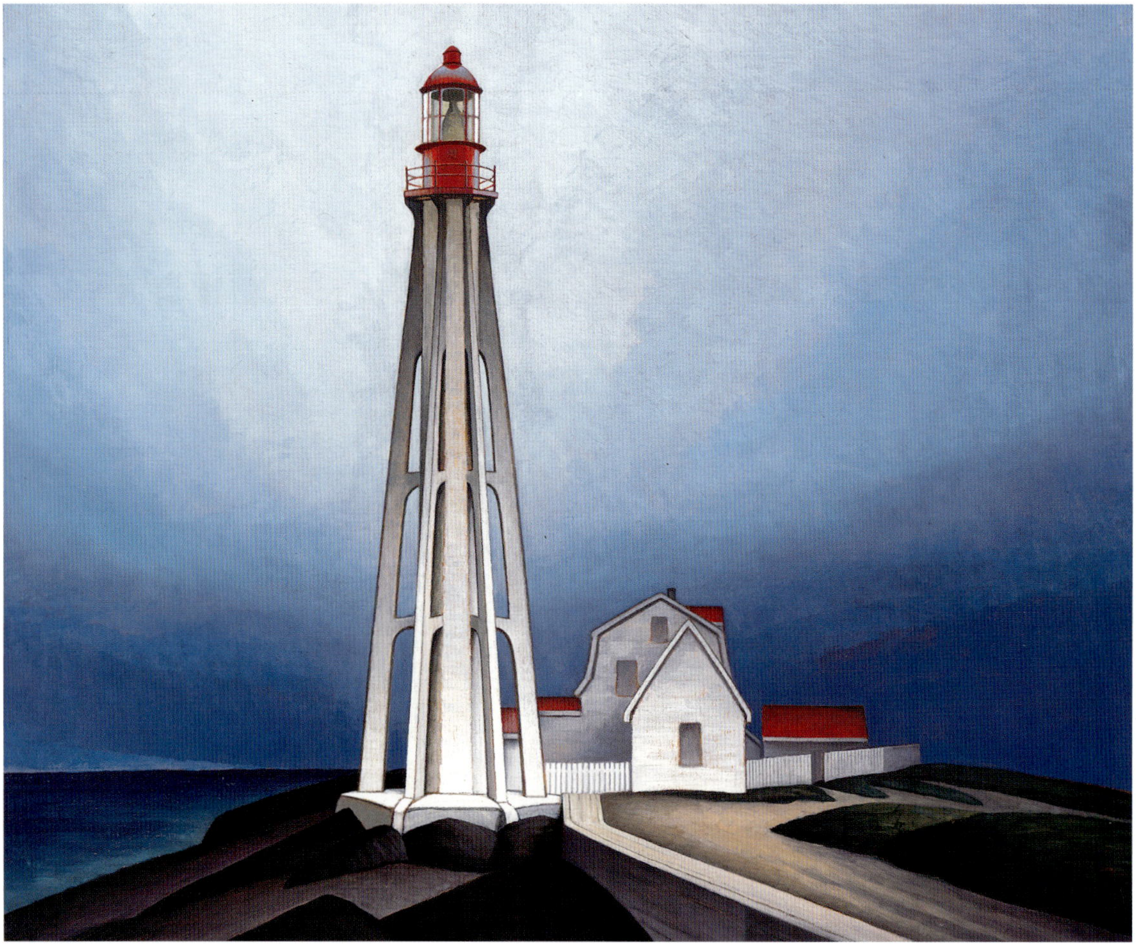

Lawren Harris, *Lighthouse, Father Point / Le phare de Pointe-au-Père,* 1930

Oil on canvas; 107.9 x 128.1 cm. Gift of the artist, Vancouver, 1960. 5011
Huile sur toile; 107,9 x 128,1 cm. Don de l'artiste, Vancouver, 1960. 5011

11

12

13

14

15

16

17

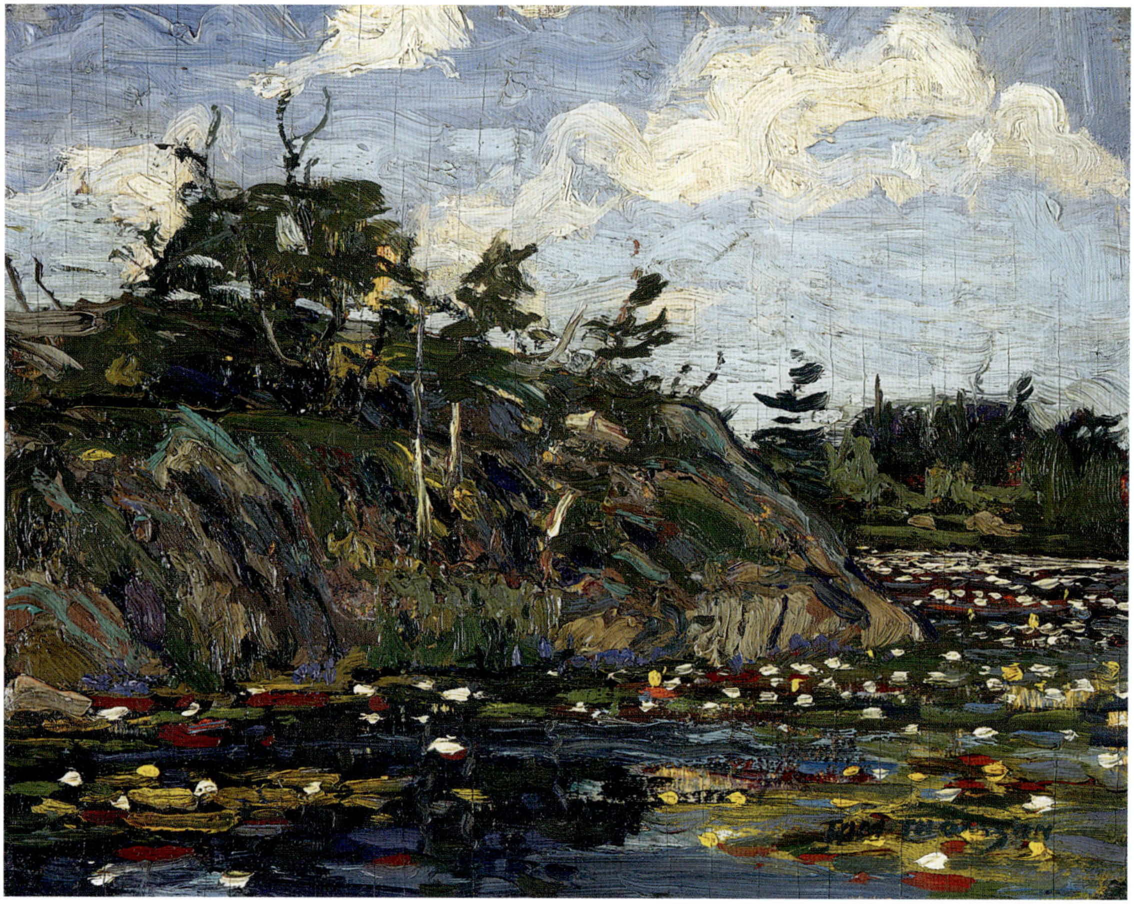

Tom Thomson, *The Lily Pond / La mare aux nénuphars,* 1914

Oil on plywood; 21.5 x 26.7 cm. Bequest of Dr. J.M. MacCallum, Toronto, 1944. 4691
Huile sur contre-plaqué; 21,5 x 26,7 cm. Legs du Dr J.M. MacCallum, Toronto, 1944. 4691

18

19

20

21

22

23

24

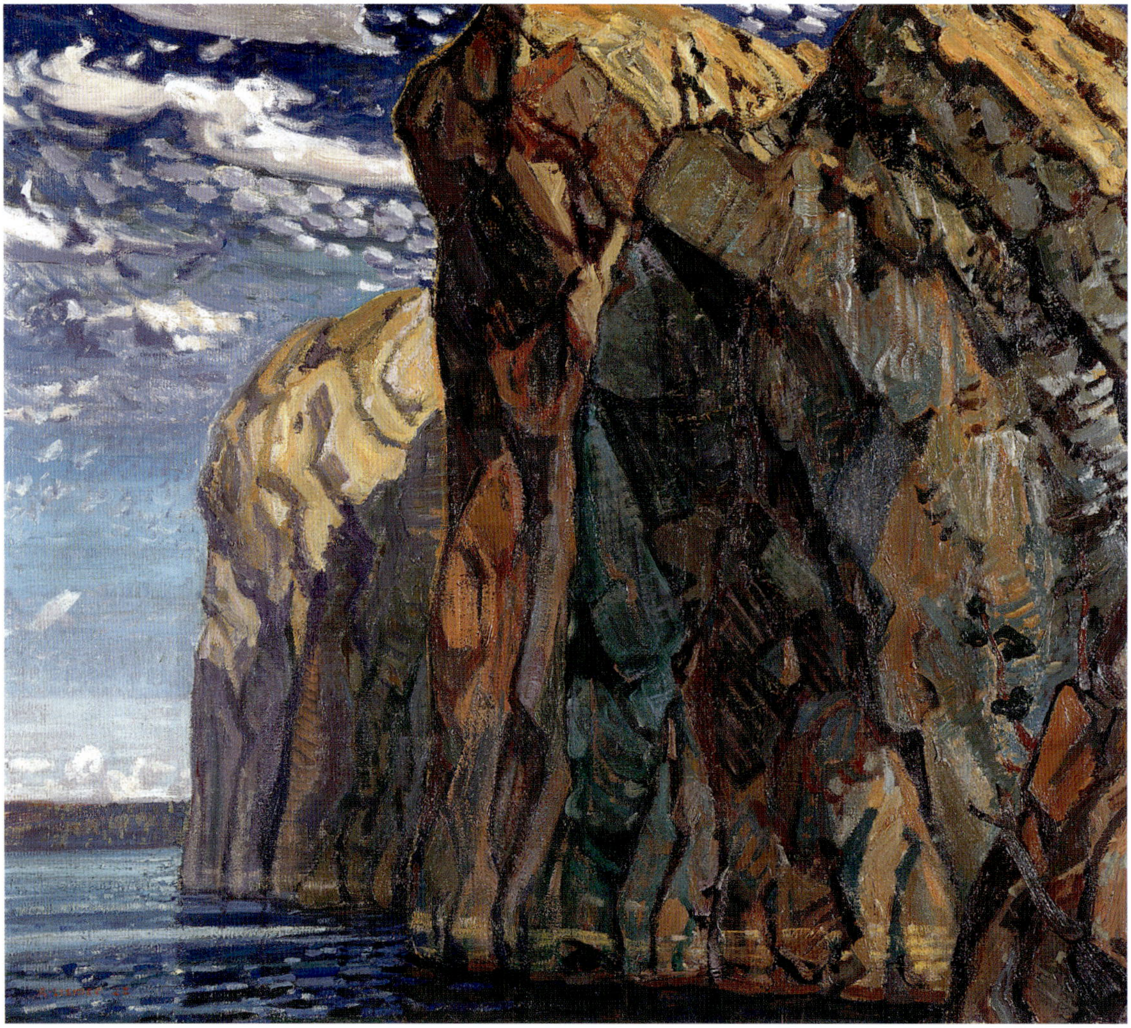

Arthur Lismer, *The Big Rock, Bon Echo / Le gros rocher, Bon Echo,* 1922

Oil on canvas; 91.6 x 101.7 cm. Purchased 1922. 2004
Huile sur toile; 91,6 x 101,7 cm. Acheté en 1922. 2004

25

26

27

28

29

30

1 July / Juillet

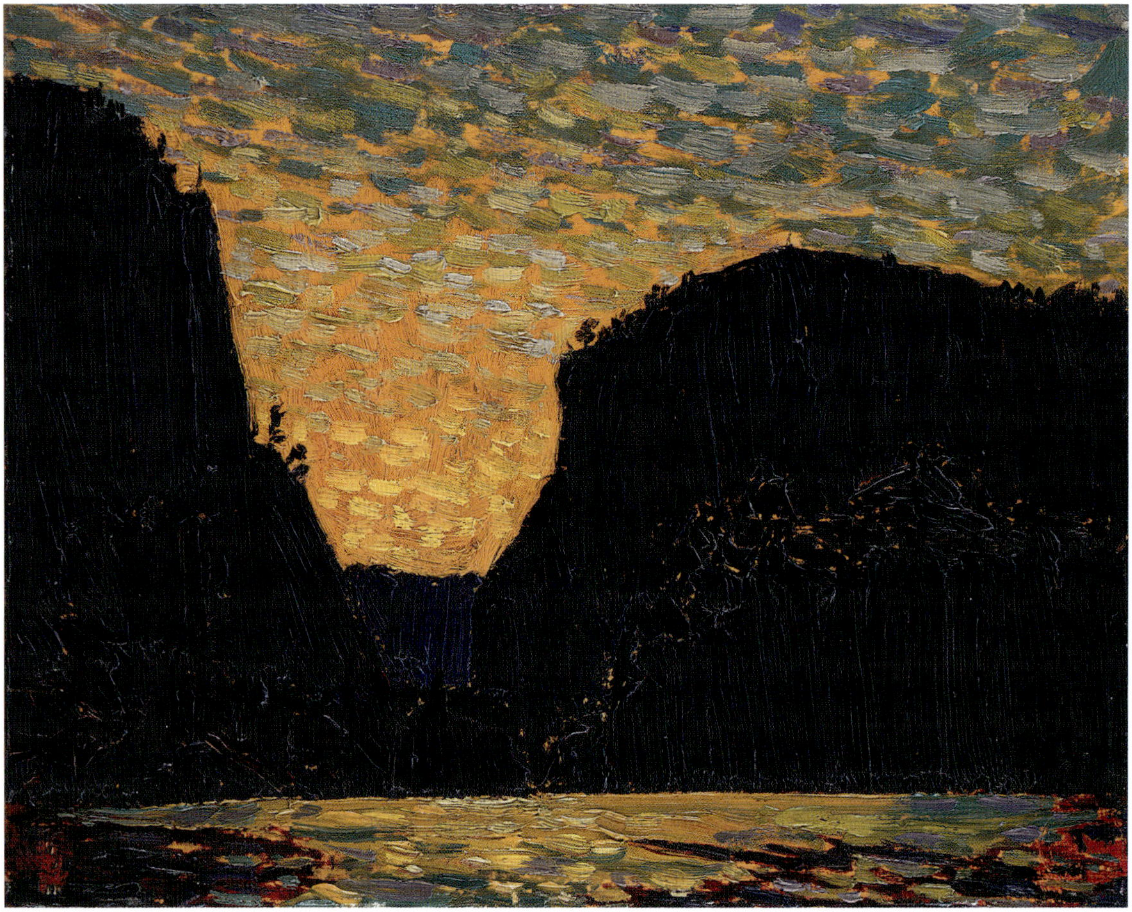

Tom Thomson, *Petawawa Gorges, Night / Gorges de Petawawa, la nuit,* c. / v. 1916–1917

Oil on wood; 21.1 x 26.7 cm. Vincent Massey Bequest, 1968. 15548

Huile sur bois; 21,1 x 26,7 cm. Legs de Vincent Massey, 1968. 15548

2

3

4

5

6

7

8

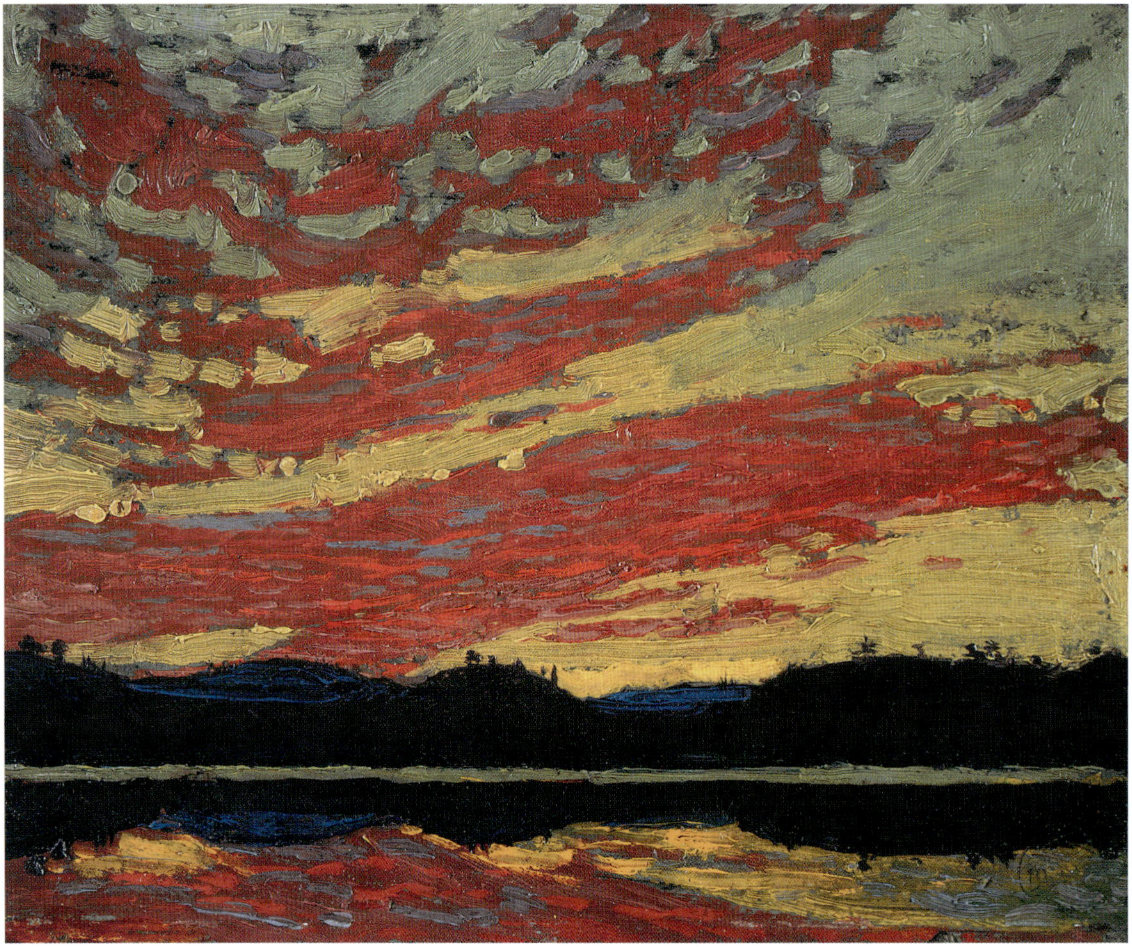

Tom Thomson, *Sunset / Coucher du soleil,* 1915

Oil on grey wood-pulp board; 21.6 x 26.7 cm. Bequest of Dr. J.M. MacCallum, Toronto, 1944. 4701
Huile sur panneau de fibres gris; 21,6 x 26,7 cm. Legs du Dr J.M. MacCallum, Toronto, 1944. 4701

9

10

11

12

13

14

15

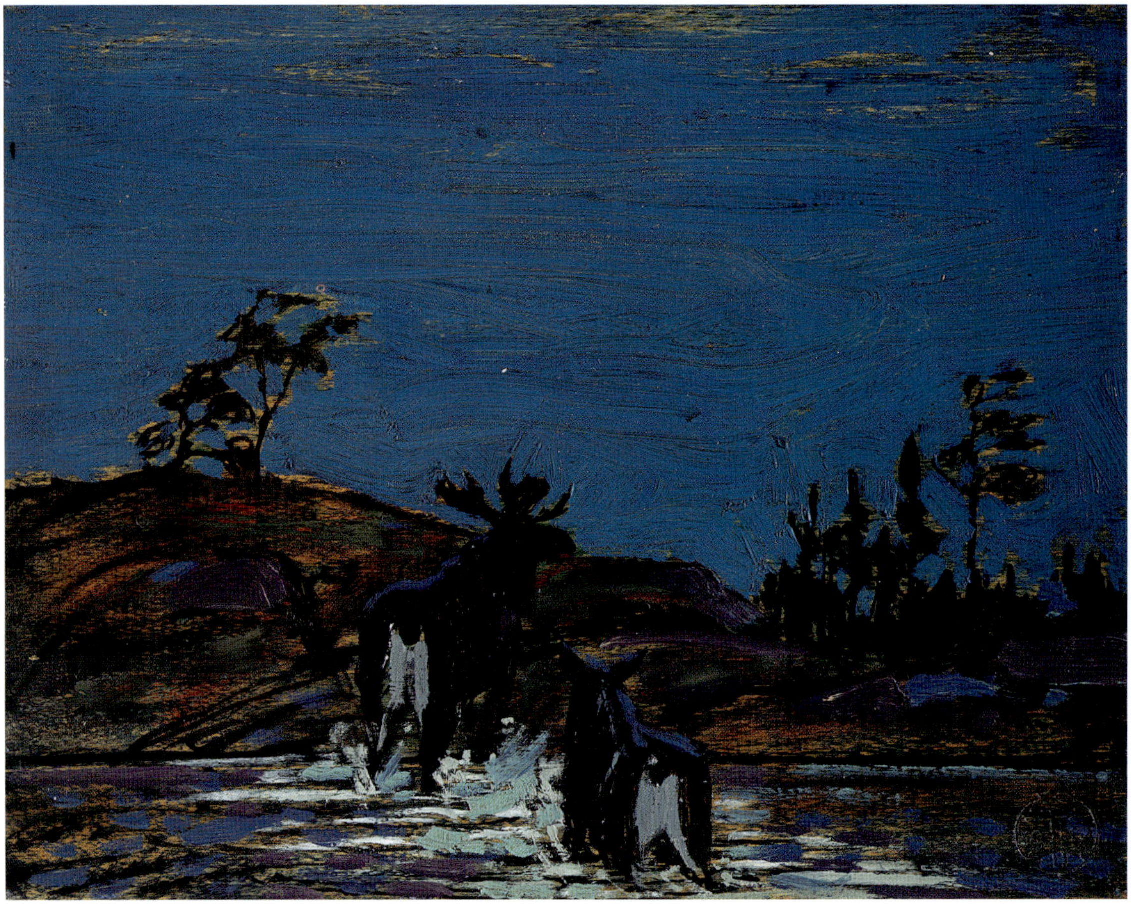

Tom Thomson, *Moose at Night / Orignaux, la nuit,* 1916

Oil on wood; 20.9 x 26.9 cm. Purchased 1918. 1545

Huile sur bois; 20,9 x 26,9 cm. Acheté en 1918. 1545

16

17

18

19

20

21

22

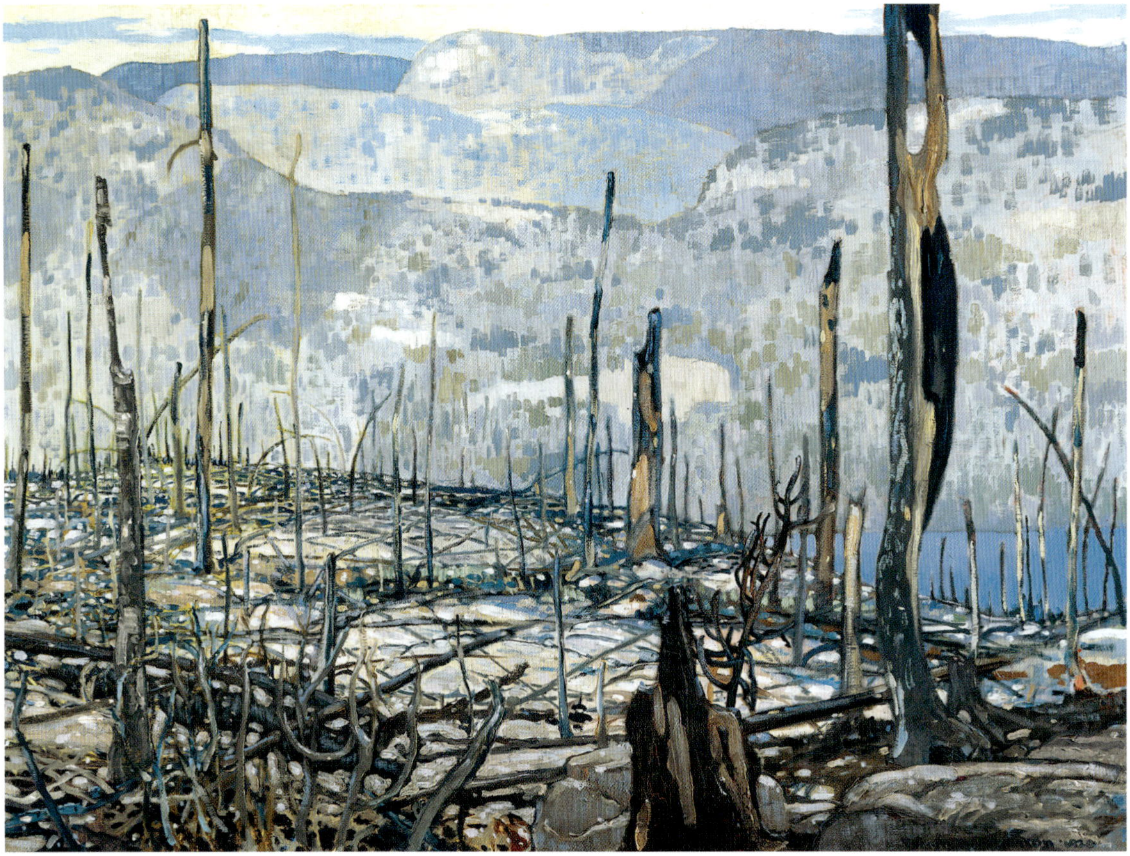

Frank Johnston, *Fire-swept, Algoma / Le brûlé, Algoma,* 1920

Oil on canvas; 127.5 x 167.5 cm. Purchased 1920. 1694

Huile sur toile; 127,5 x 167,5 cm. Acheté en 1920. 1694

23

24

25

26

27

28

29

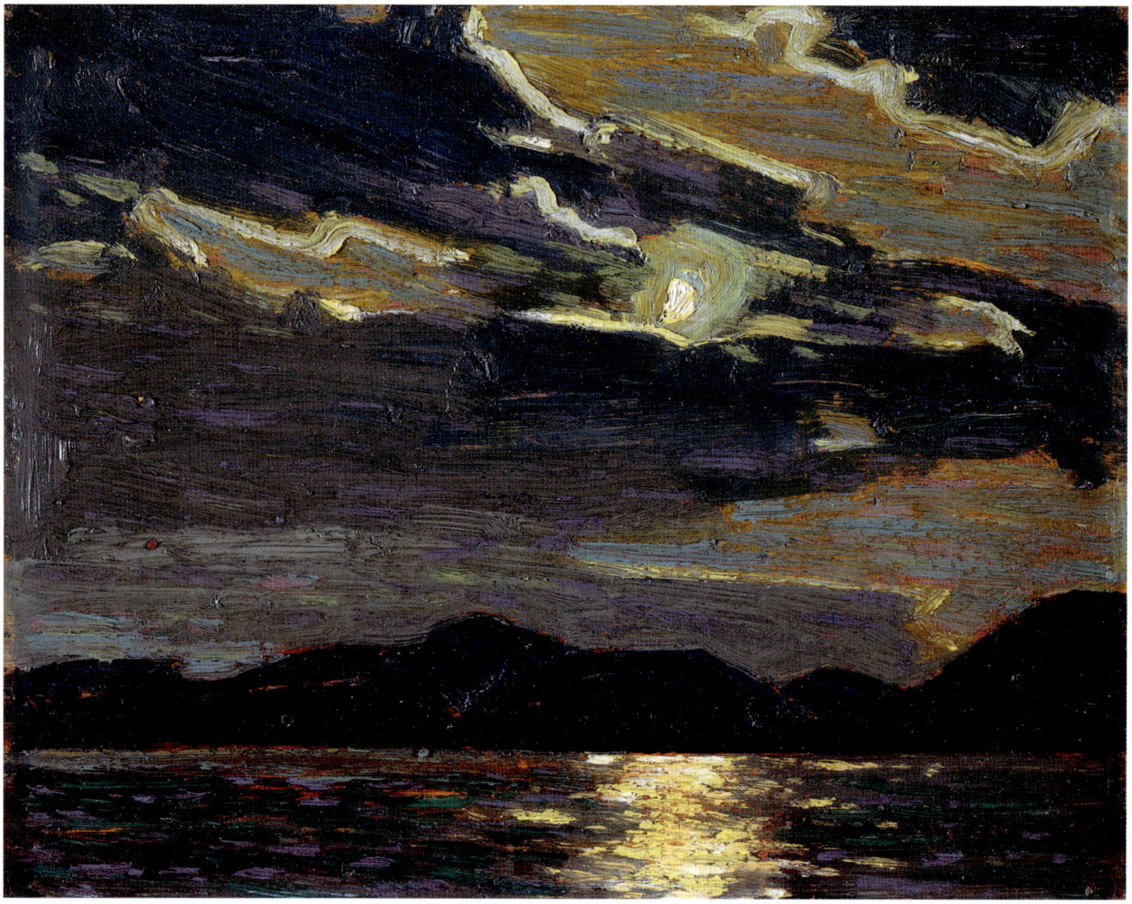

Tom Thomson, *Hot Summer Moonlight / Clair de lune par une chaude soirée d'été,* 1915

Oil on wood; 21.4 x 26.7 cm. Bequest of Dr. J.M. MacCallum, Toronto, 1944. 4648

Huile sur bois; 21,4 x 26,7 cm. Legs du Dr J.M. MacCallum, Toronto, 1944. 4648

30

31

1 August / Août

2

3

4

5

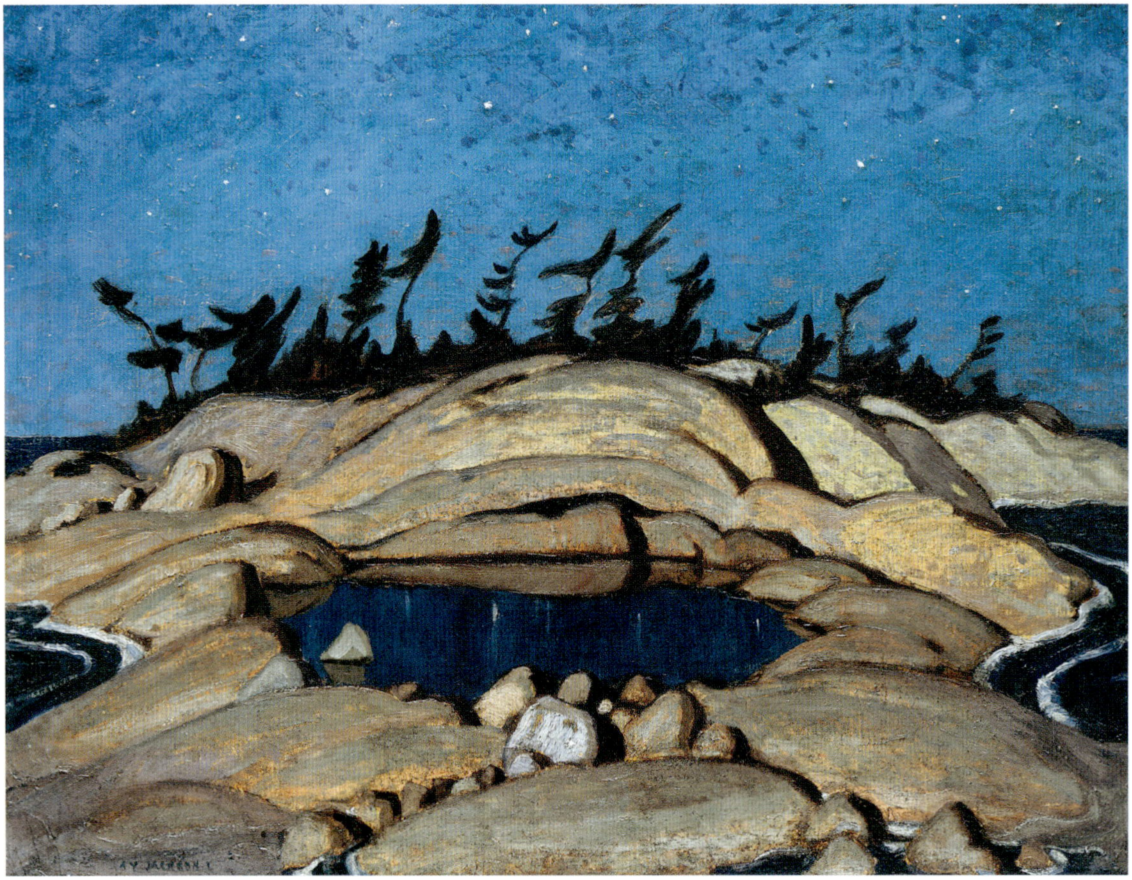

A.Y. Jackson, *Night, Pine Island / Nuit, île aux Pins,* 1924

Oil on canvas; 64.2 x 81.5 cm. Bequest of Dorothy Lampman McCurry, 1974, in memory of her husband, Harry O. McCurry, Director of the National Gallery of Canada from 1939–1955. 18124. Courtesy of the Estate of the late Dr. Naomi Jackson Groves

Huile sur toile; 64,2 x 81,5 cm. Legs de Dorothy Lampman McCurry, 1974, à la mémoire de son époux Harry O. McCurry, directeur du Musée des beaux-arts du Canada, 1939–1955. 18124. Avec la permission de la succession de feu Dre Naomi Jackson Groves

6

7

8

9

10

11

12

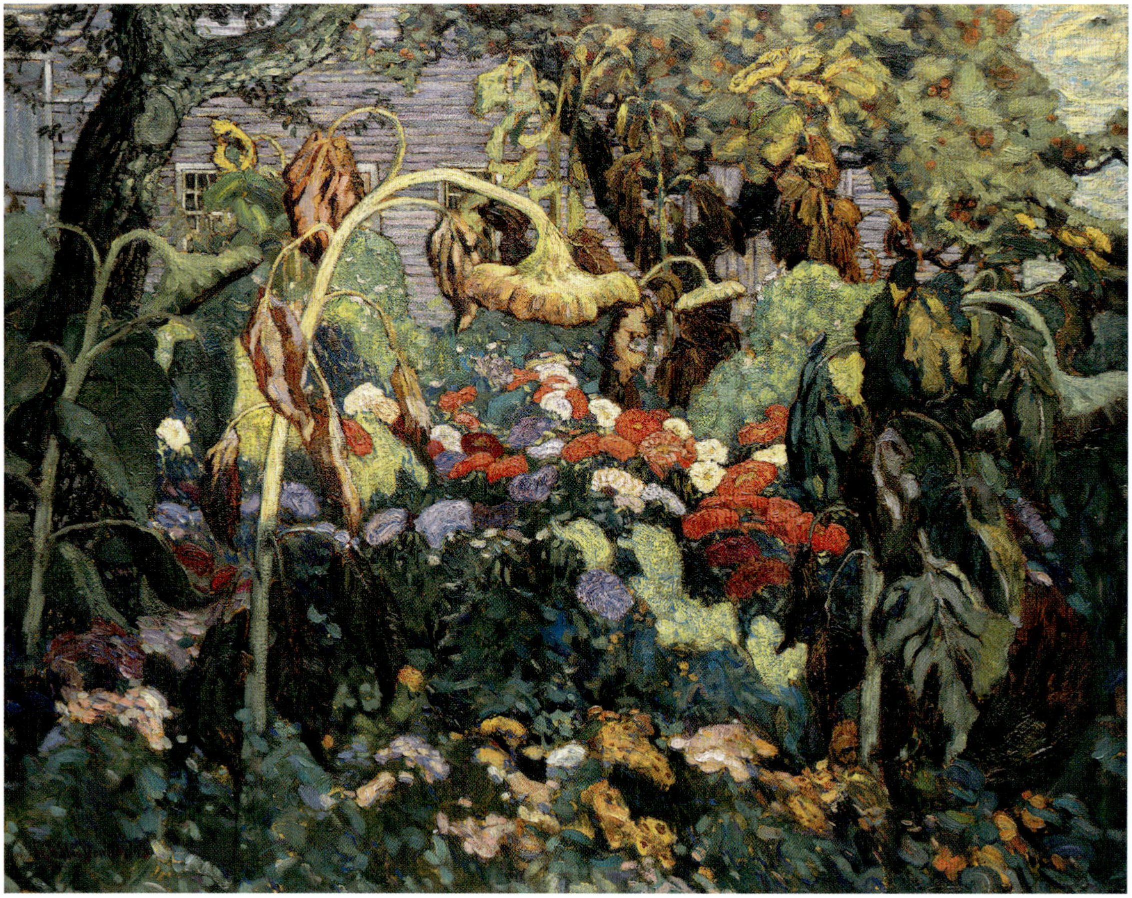

J.E.H. MacDonald, *The Tangled Garden / Le jardin sauvage,* 1916

Oil on beaverboard; 121.4 x 152.4 cm. Gift of W.M. Southam, F.N. Southam, and H.S. Southam, 1937, in memory of their brother, Richard Southam. 4291

Huile sur panneau de fibres; 121,4 x 152,4 cm. Don de W.M. Southam, F.N. Southam et H.S. Southam, 1937, à la mémoire de leur frère Richard Southam. 4291

13

14

15

16

17

18

19

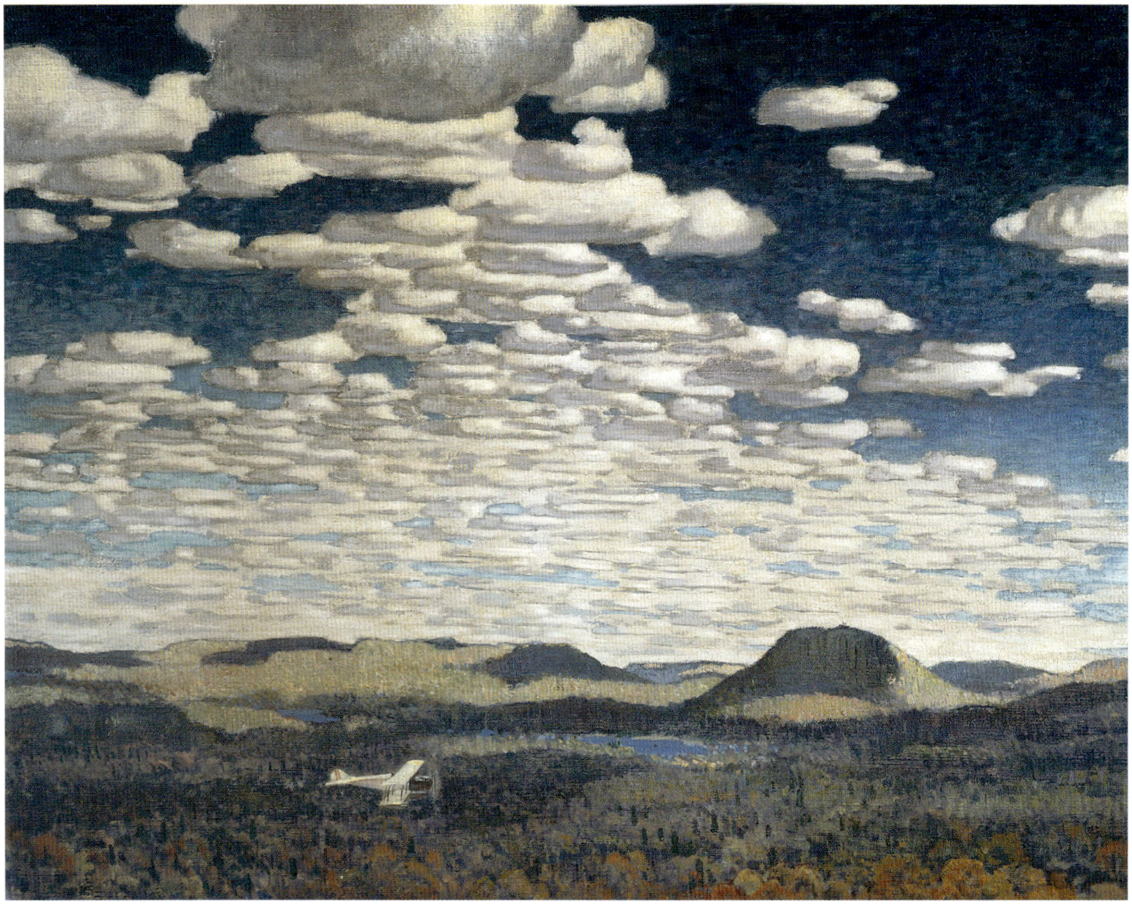

Frank Johnston, *The Fire Ranger / Le garde forestier*, 1921

Oil on canvas; 123.0 x 153.2 cm. Purchased 1921. 1823

Huile on toile; 123,0 x 153,2 cm. Acheté en 1921. 1823

20

21

22

23

24

25

26

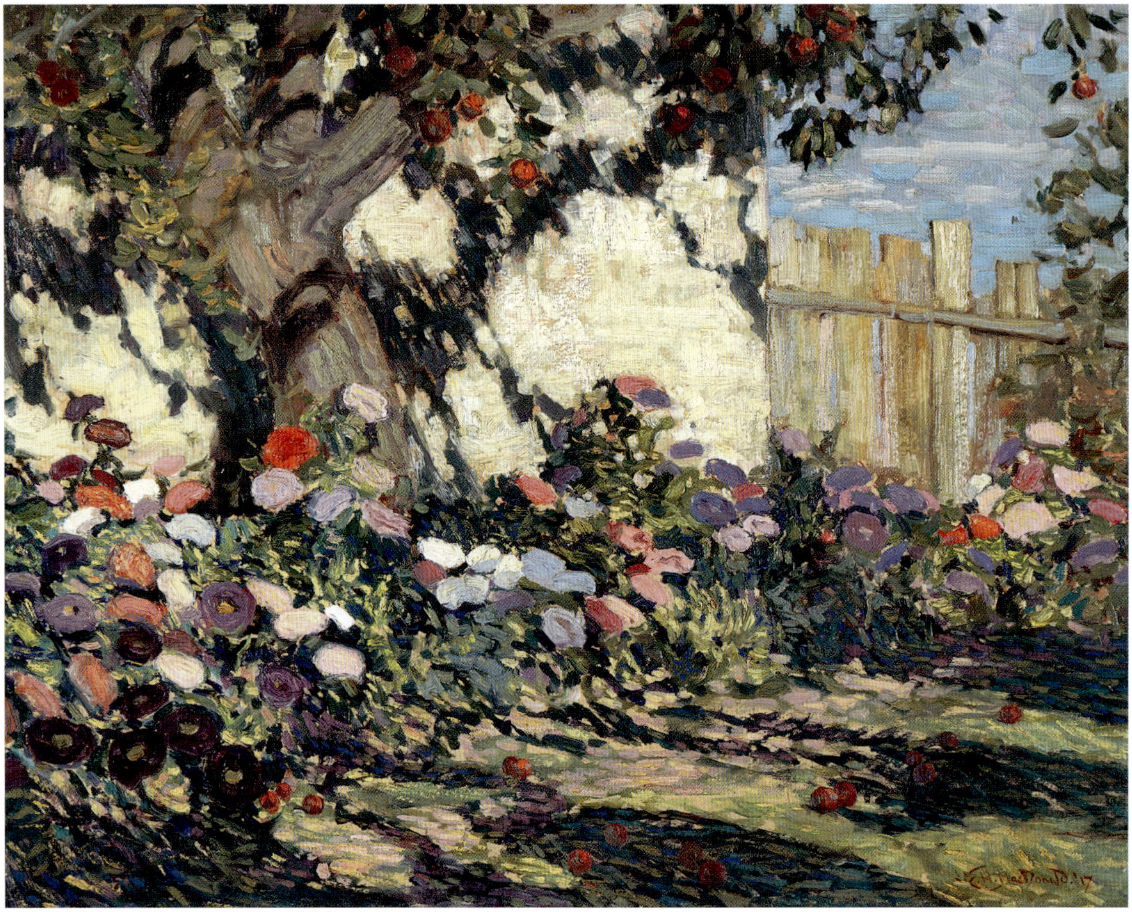

J.E.H. MacDonald, *Asters and Apples / Asters et pommes,* 1917

Oil on beaverboard; 53.4 x 66.1 cm. Purchased 1917. 1427

Huile sur panneau de fibres; 53,4 x 66,1 cm. Acheté en 1917. 1427

27

28

29

30

31

1 September / Septembre

2

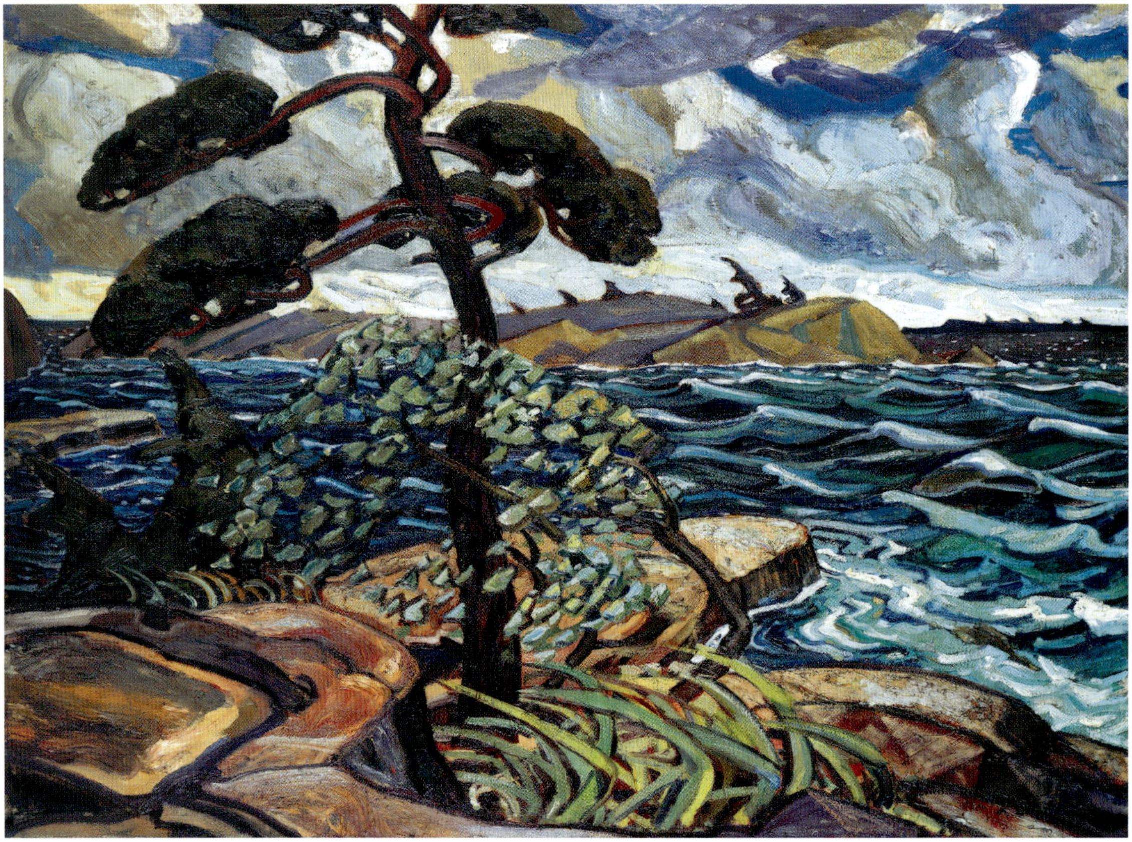

Arthur Lismer, *A September Gale, Georgian Bay / Une bourrasque en septembre, baie Georgienne*, 1921

Oil on canvas; 122.4 x 163.0 cm. Purchased 1926. 3360
Huile sur toile; 122,4 x 163,0 cm. Acheté en 1926. 3360

3

4

5

6

7

8

9

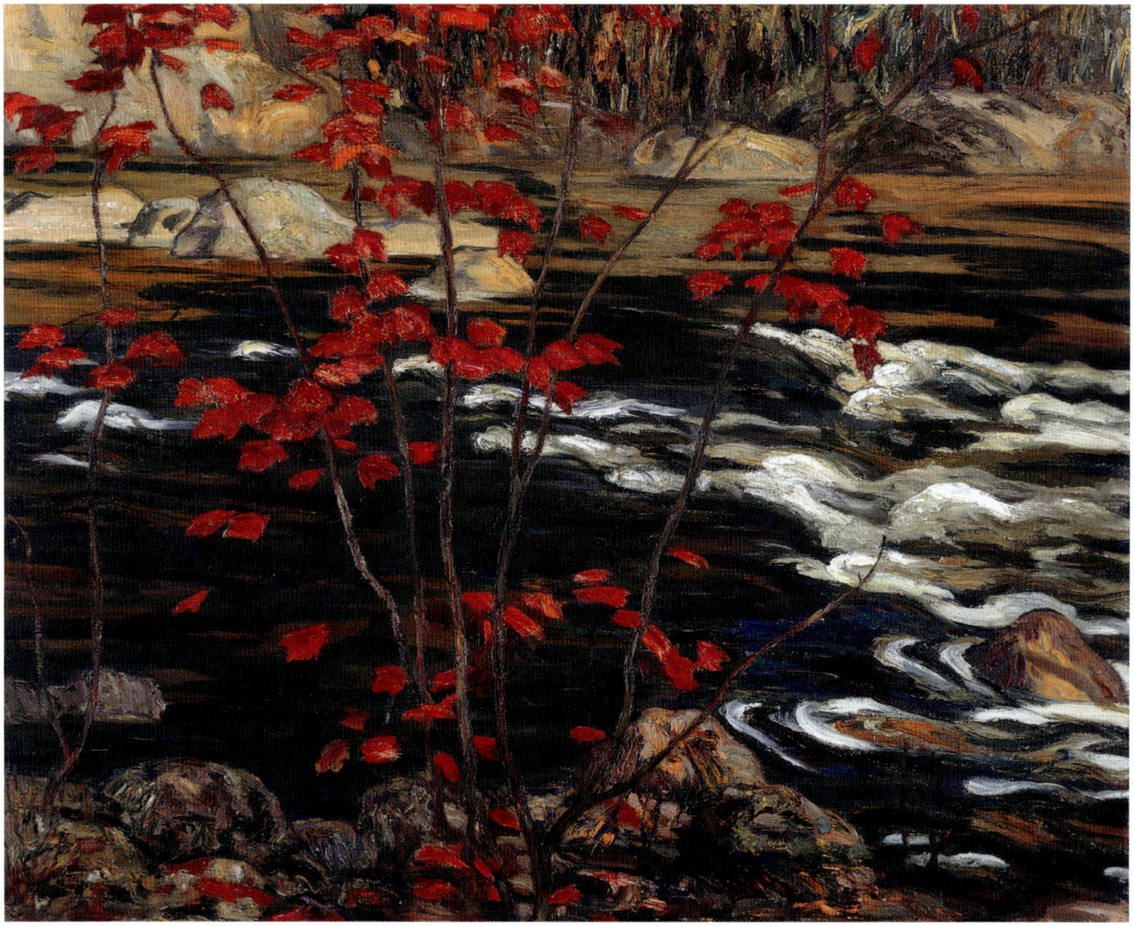

A.Y. Jackson, *The Red Maple / L'érable rouge*, 1914

Oil on canvas; 82.0 x 99.5 cm. Purchased 1914. 1038. Courtesy of the Estate of the late Dr. Naomi Jackson Groves

Huile sur toile; 82,0 x 99,5 cm. Acheté en 1914. 1038. Avec la permission de la succession de feu Dre Naomi Jackson Groves

10

11

12

13

14

15

16

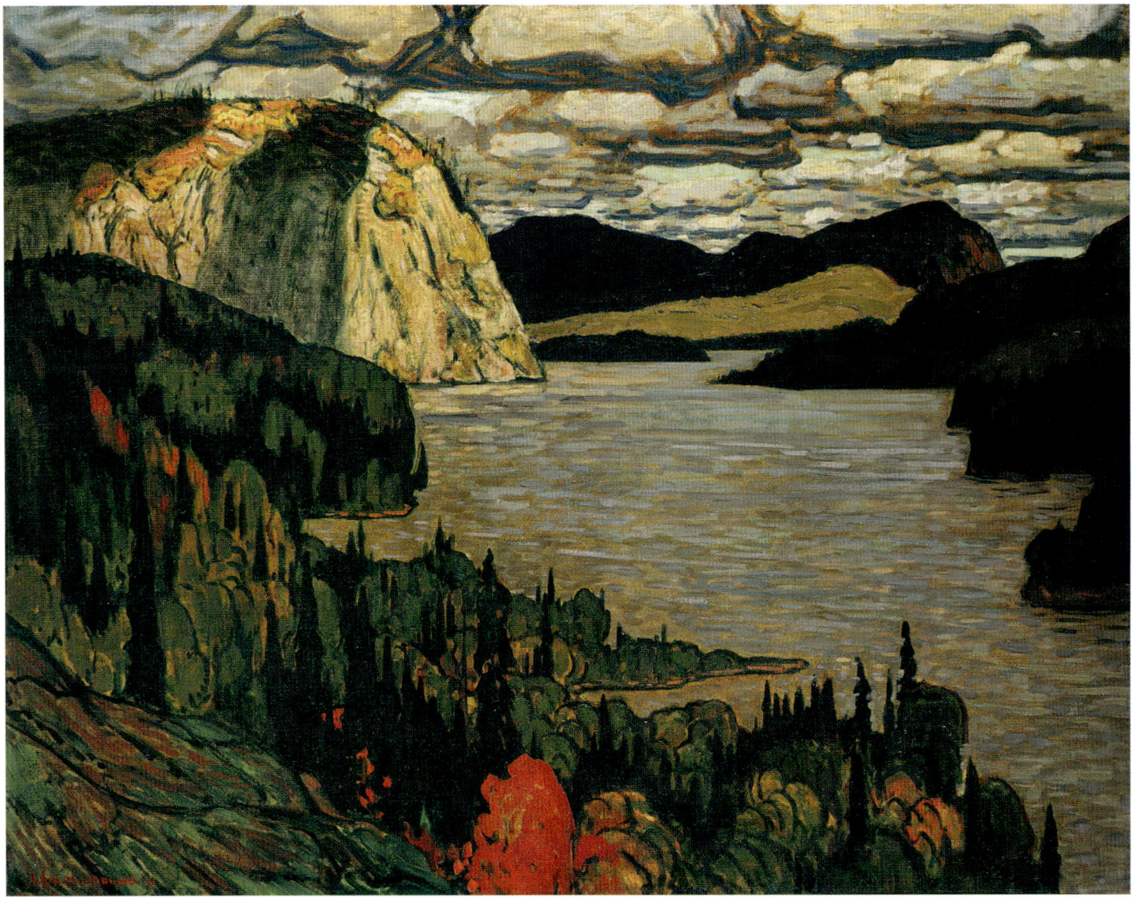

J.E.H. MacDonald, *The Solemn Land / Terre solennelle,* 1921

Oil on canvas; 122.5 x 153.5 cm. Purchased 1921. 1785

Huile sur toile; 122,5 x 153,5 cm. Acheté en 1921. 1785

17

18

19

20

21

22

23

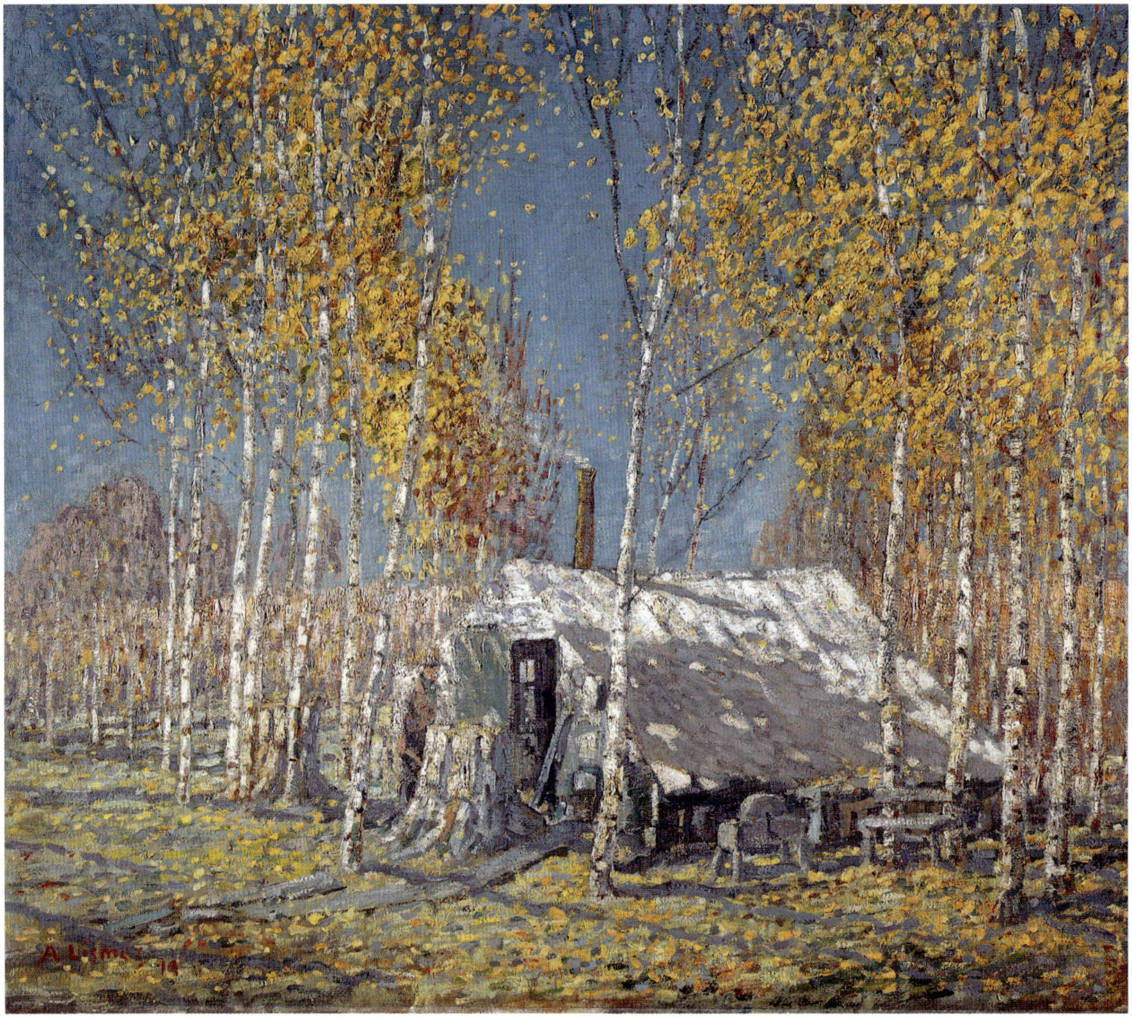

Arthur Lismer, *The Guide's Home, Algonquin / La maison du guide, Algonquin,* 1914

Oil on canvas; 102.6 x 114.4 cm. Purchased 1915. 1155
Huile sur toile; 102,6 x 114,4 cm. Acheté en 1915. 1155

24

25

26

27

28

29

30

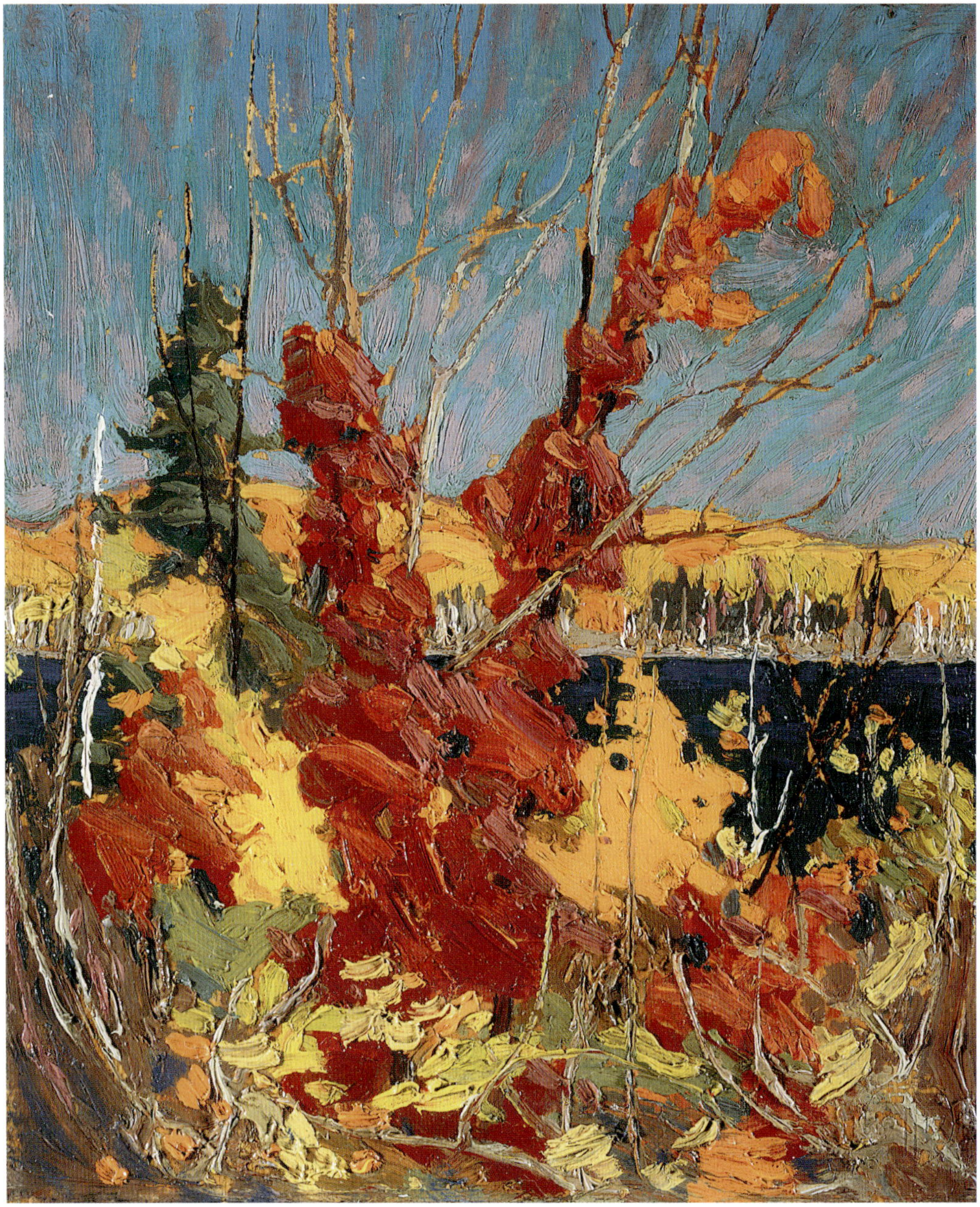

Tom Thomson, *Autumn Foliage / Feuillage d'automne*, 1916

Oil on wood; 26.7 x 21.5 cm. Purchased 1918. 1544

Huile sur bois; 26,7 x 21,5 cm. Acheté en 1918. 1544

1

2

3

4

5

6

7

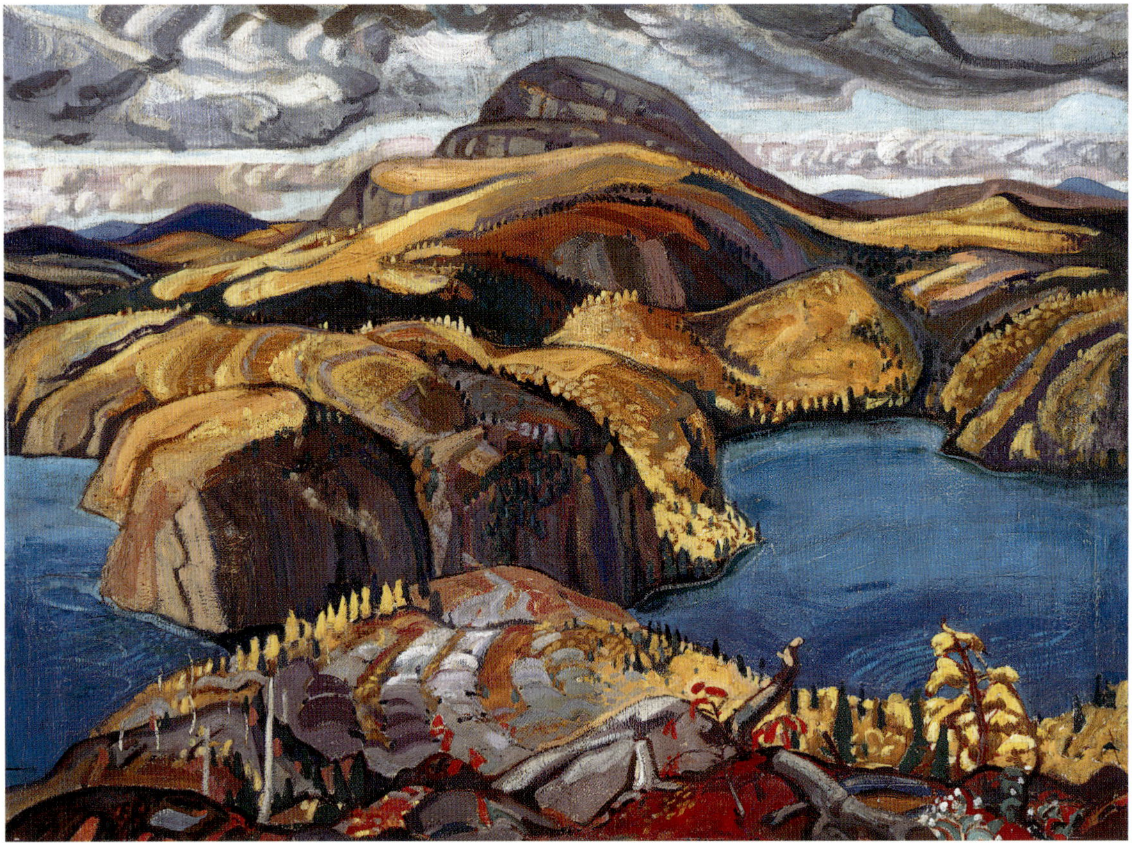

Arthur Lismer, *October on the North Shore, Lake Superior / Octobre sur la rive nord du lac Supérieur,* 1927

Oil on canvas; 122.4 x 163.3 cm. Purchased 1936. 4281

Huile sur toile; 122,4 x 163,3 cm. Acheté en 1936. 4281

8

9

10

11

12

13

14

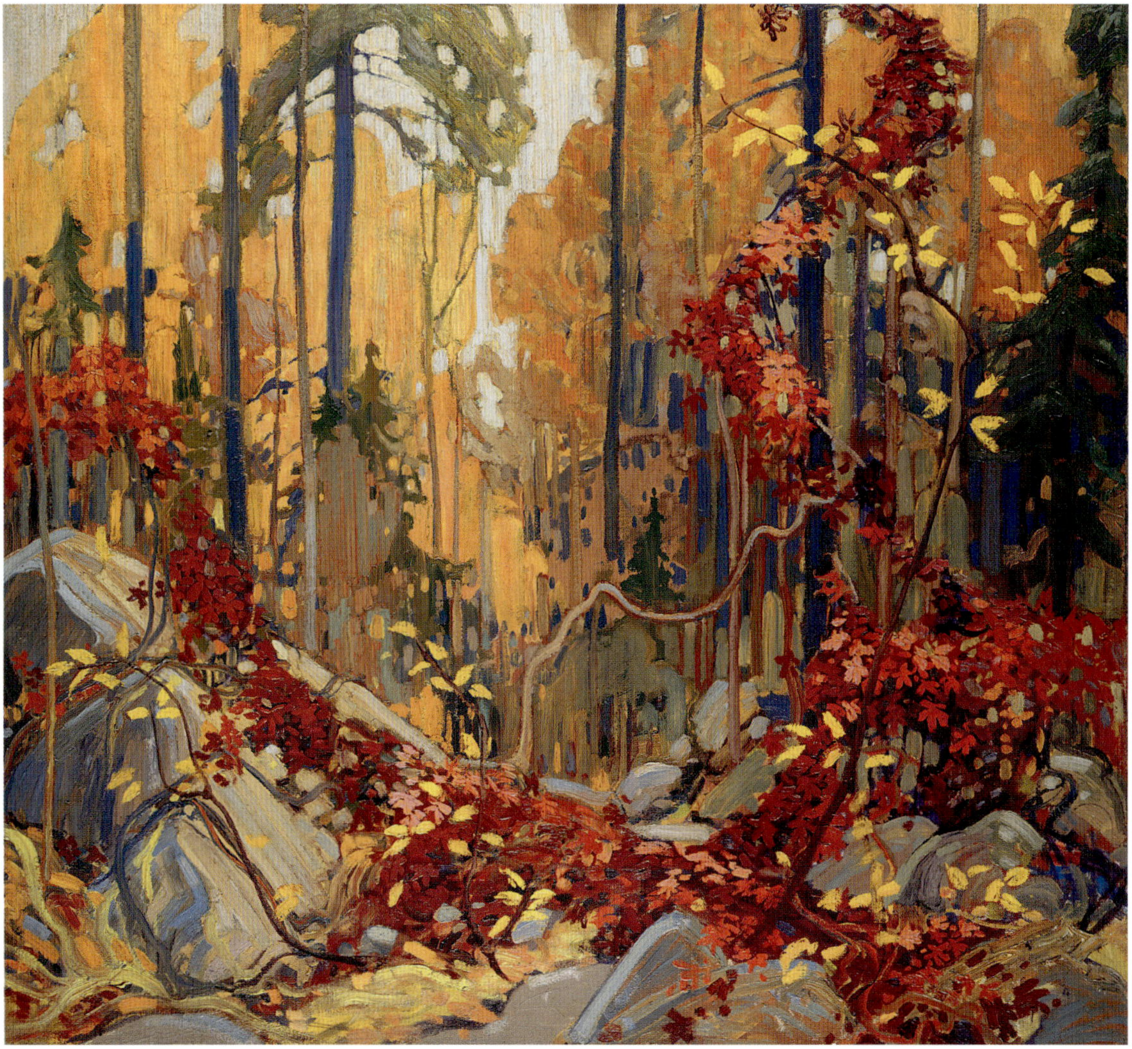

Tom Thomson, *Autumn's Garland / Guirlande automnale,* 1915–1916

Oil on canvas; 122.5 x 132.2 cm. Purchased 1918. 1520

Huile sur toile; 122,5 x 132,2 cm. Acheté en 1918. 1520

15

16

17

18

19

20

21

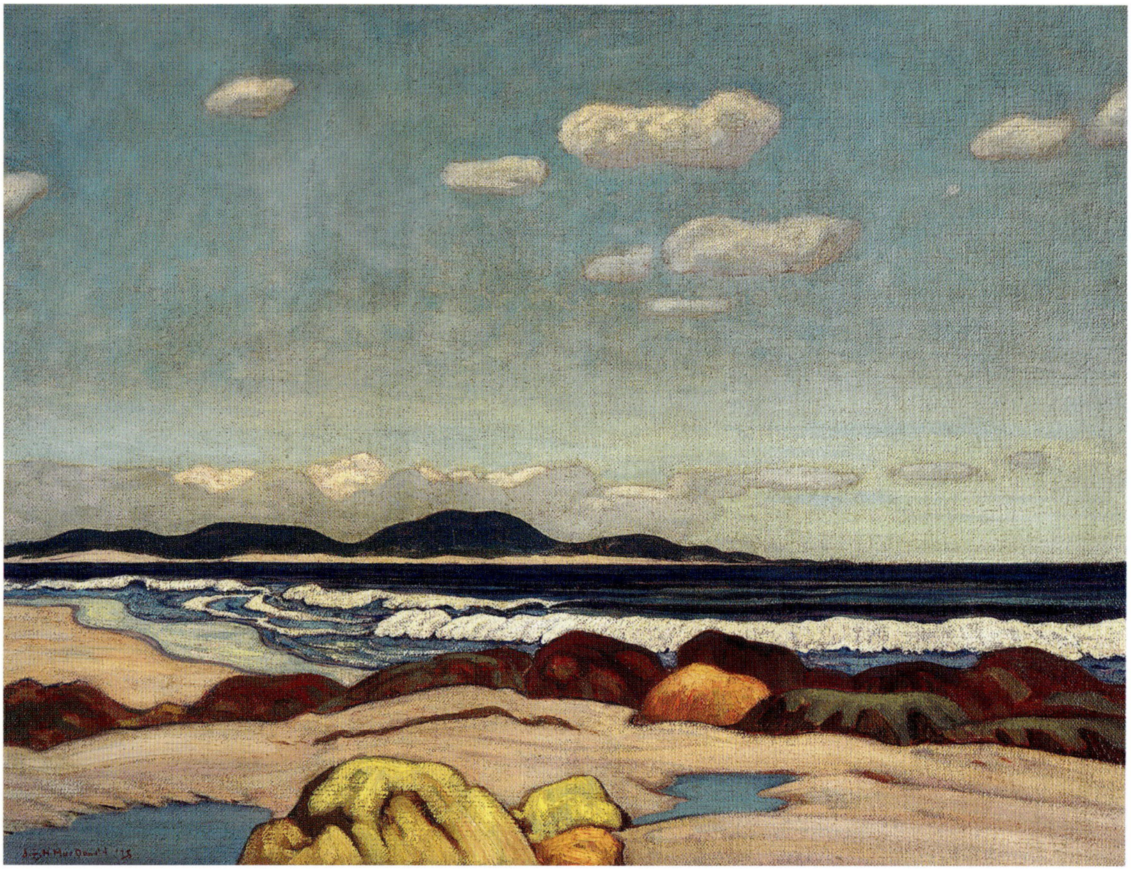

J.E.H. MacDonald, *Seashore, Nova Scotia / Bords de la mer, Nouvelle-Écosse,* 1923

Oil on canvas; 71.7 x 91.7 cm. Purchased 1923. 2914
Huile sur toile; 71,7 x 91,7 cm. Acheté en 1923. 2914

22

23

24

25

26

27

28

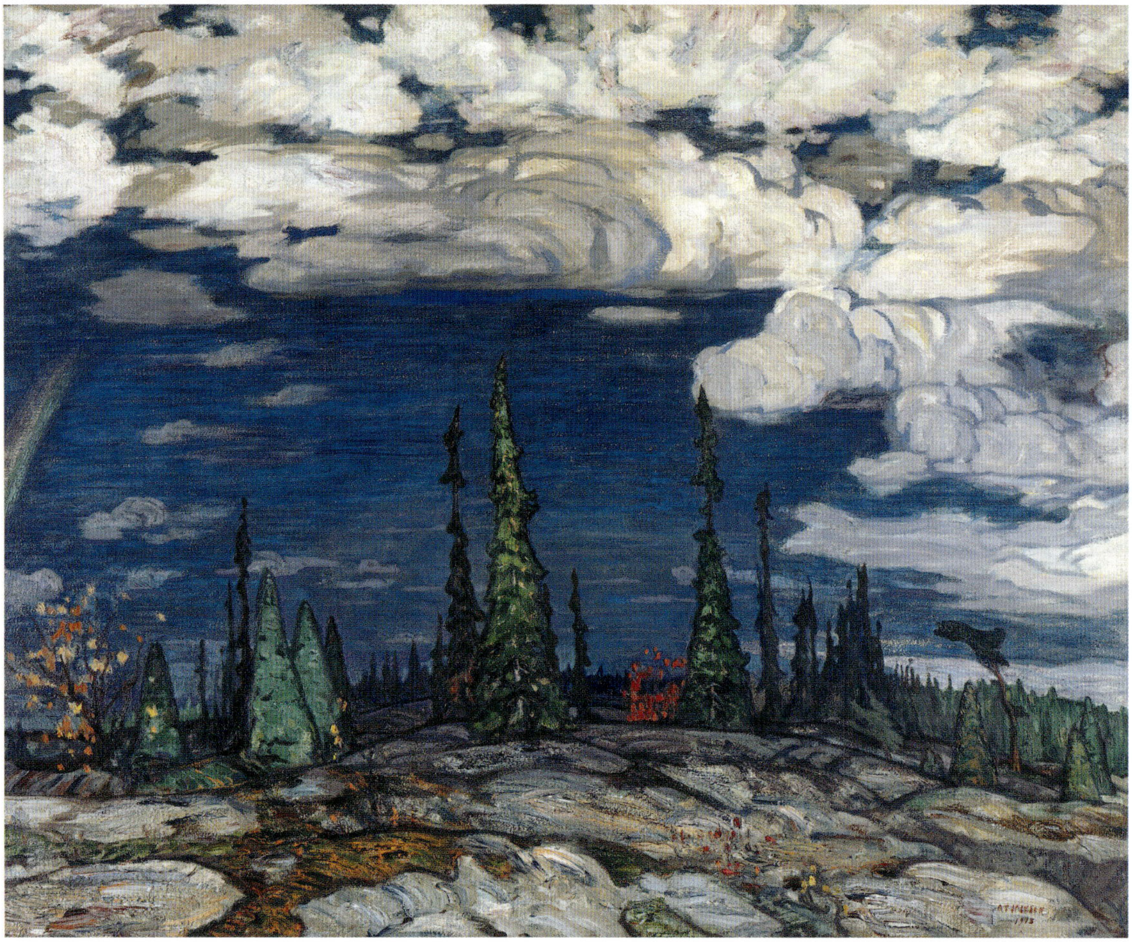

A.Y. Jackson, *Terre Sauvage / Terre sauvage*, 1913

Oil on canvas; 128.8 x 154.4 cm. Acquired 1936. 4351. Courtesy of the Estate of the late Dr. Naomi Jackson Groves

Huile sur toile; 128,8 x 154,4 cm. Acquis en 1936. 4351. Avec la permission de la succession de feu Dre Naomi Jackson Groves

October / Octobre

29

30

31

1

November / Novembre

2

3

4

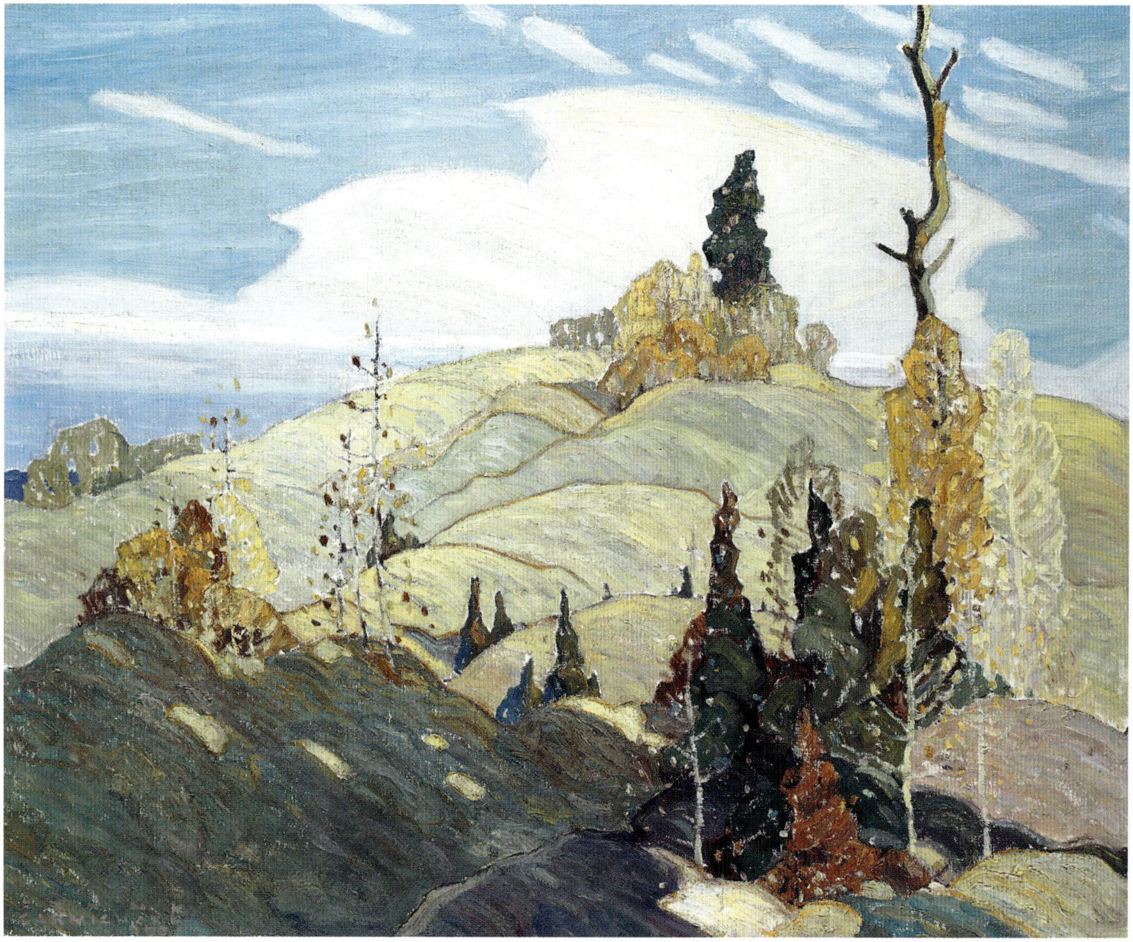

Frank Carmichael, *The Hilltop / Le sommet de la colline,* 1921

Oil on canvas; 76.9 x 92.0 cm. Purchased 1921. 1811
Huile sur toile; 76,9 x 92,0 cm. Acheté en 1921. 1811

5

6

7

8

9

10

11

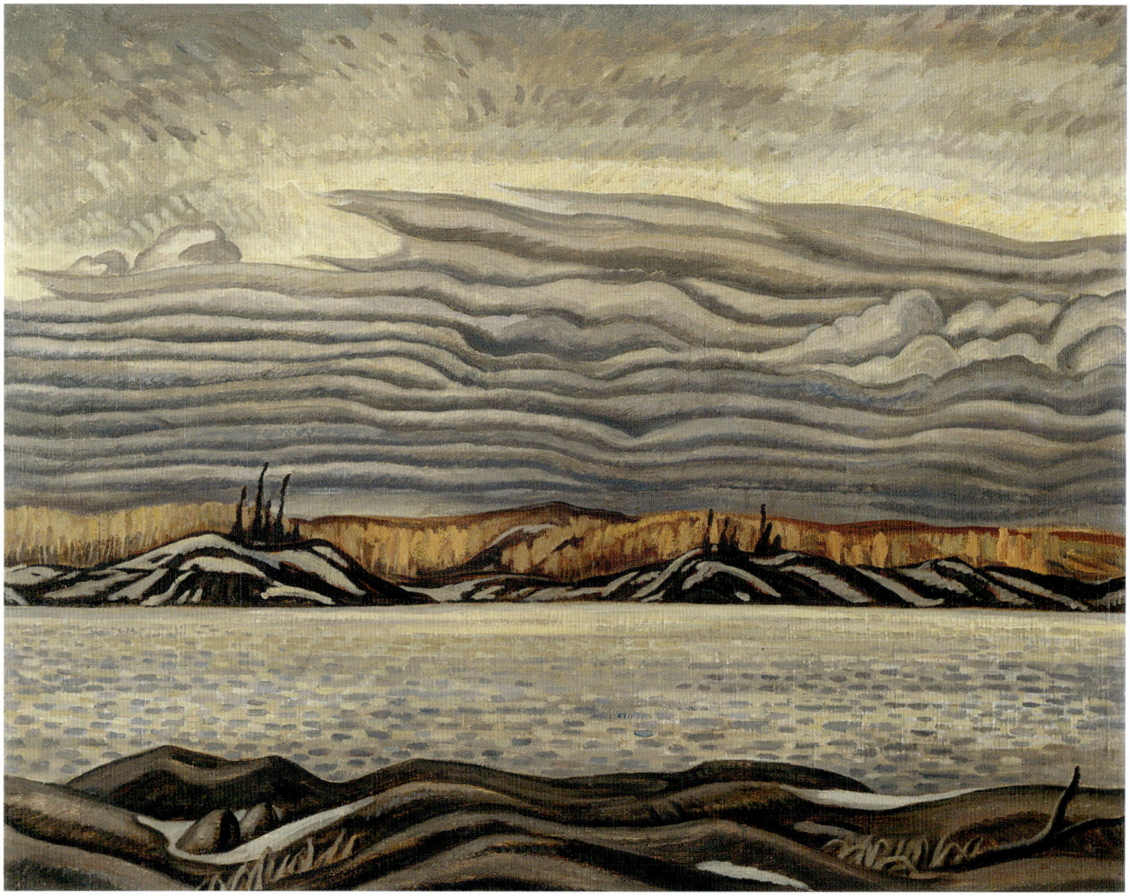

A.Y. Jackson, *Algoma, November / Algoma, en novembre,* 1934

Oil on canvas; 81.3 x 102.1 cm. Gift of H.S. Southam, Ottawa, 1945. 4611. Courtesy of the Estate of the late Dr. Naomi Jackson Groves

Huile sur toile; 81,3 x 102,1 cm. Don de H.S. Southam, Ottawa, 1945. 4611. Avec la permission de la succession de feu Dre Naomi Jackson Groves

12

13

14

15

16

17

18

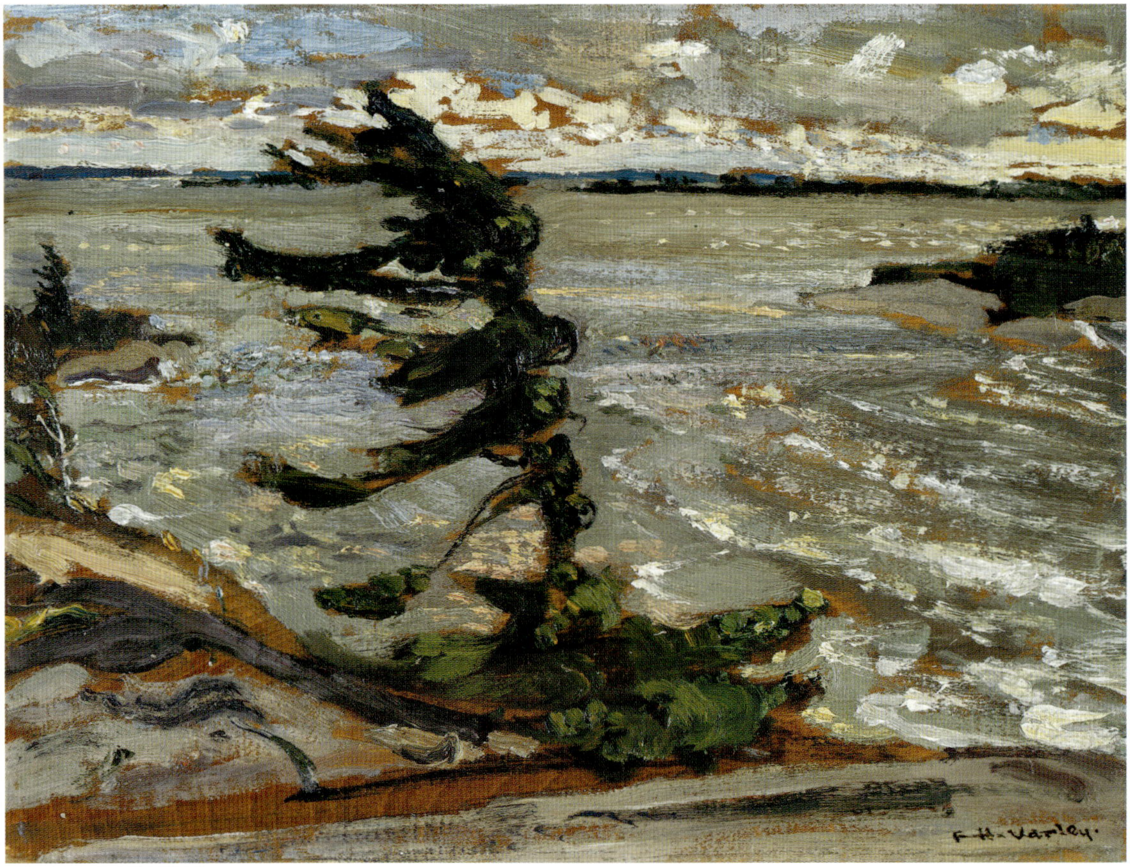

F.H. Varley, *Squally Weather, Georgian Bay / Rafales, baie Georgienne,* 1920

Oil on wood; 30.0 x 40.9 cm. Gift of Mrs. S.J. Williams, Mrs. Harvey Sims, Mrs. T.M. Cram, and Miss Geneva Jackson, Kitchener, Ontario, 1943. 4582. Copyright 2006 Estate of Kathleen G. McKay

Huile sur bois; 30,0 x 40,9 cm. Don de Mmes S.J. Williams, Harvey Sims et T.M. Cram, et de Mlle Geneva Jackson, Kitchener (Ontario), 1943. 4582. Copyright 2006 Succession de Kathleen G. McKay

19

20

21

22

23

24

25

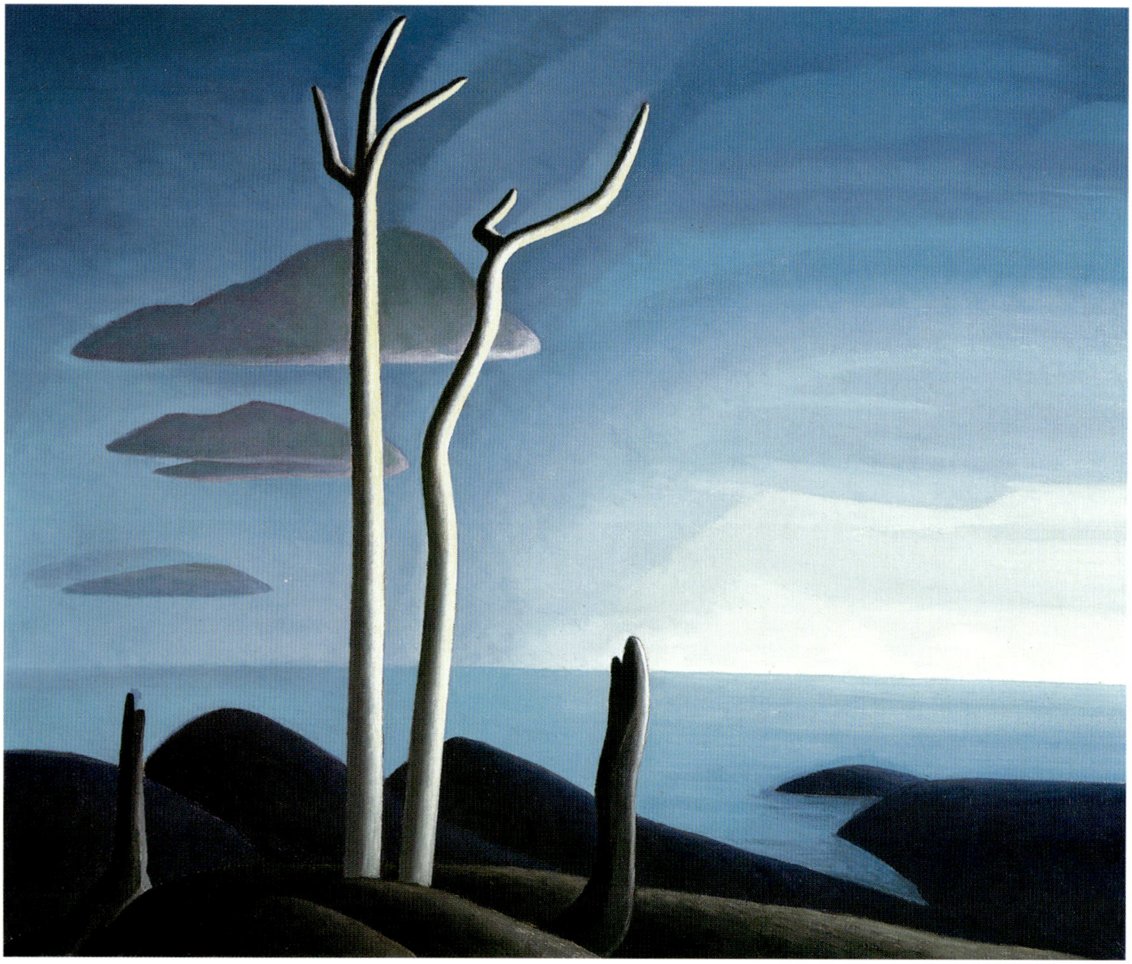

Lawren Harris, *Lake Superior / Lac Supérieur,* c. / v. 1928

Oil on canvas; 86.1 x 102.2 cm. Vincent Massey Bequest, 1968. 15477
Huile sur toile; 86,1 x 102,2 cm. Legs de Vincent Massey, 1968. 15477

November / Novembre

26

27

28

29

30

1

December / Décembre

2

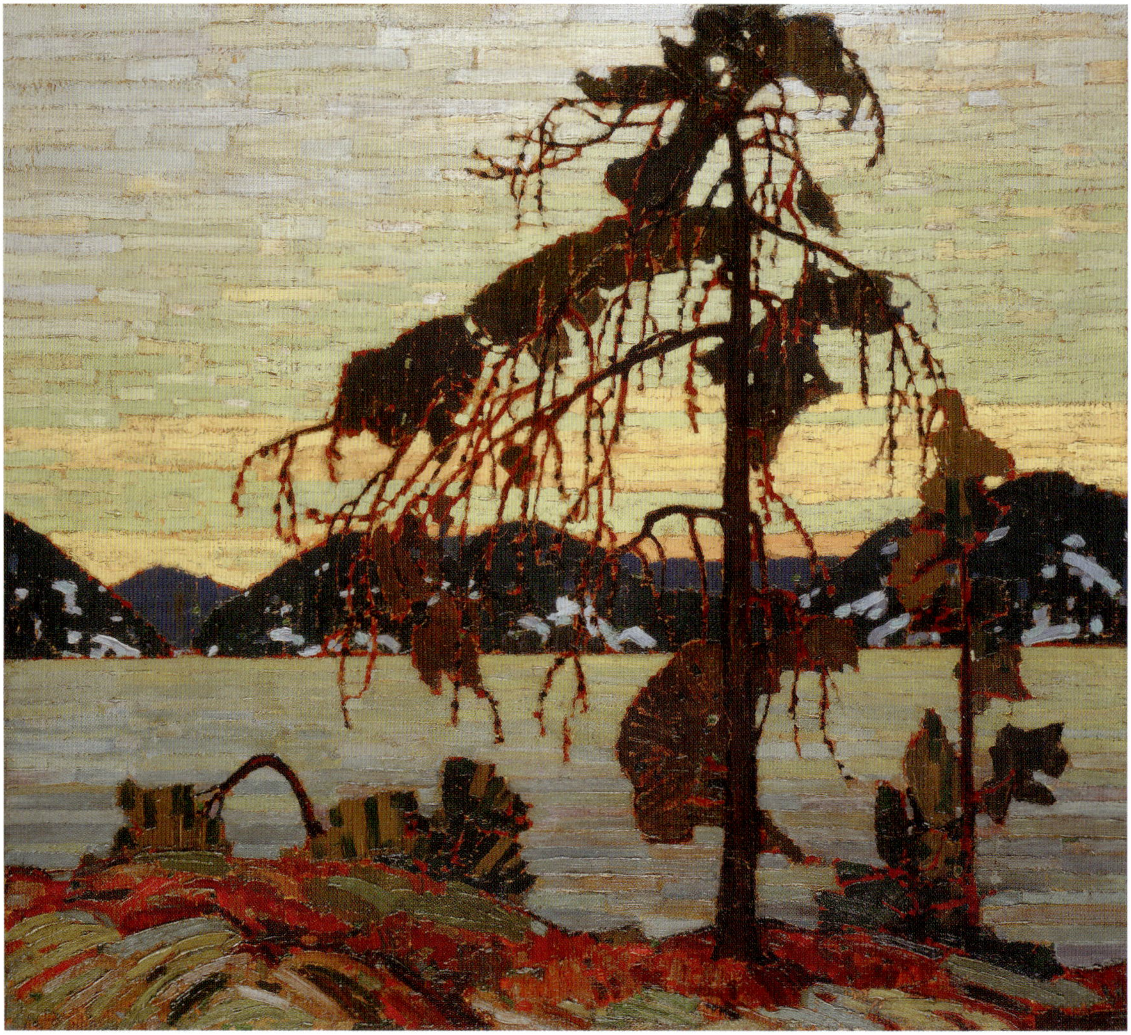

Tom Thomson, *The Jack Pine / Le pin*, 1916–1917

Oil on canvas; 127.9 x 139.8 cm. Purchased 1918. 1519
Huile sur toile; 127,9 x 139,8 cm. Acheté en 1918. 1519

3

4

5

6

7

8

9

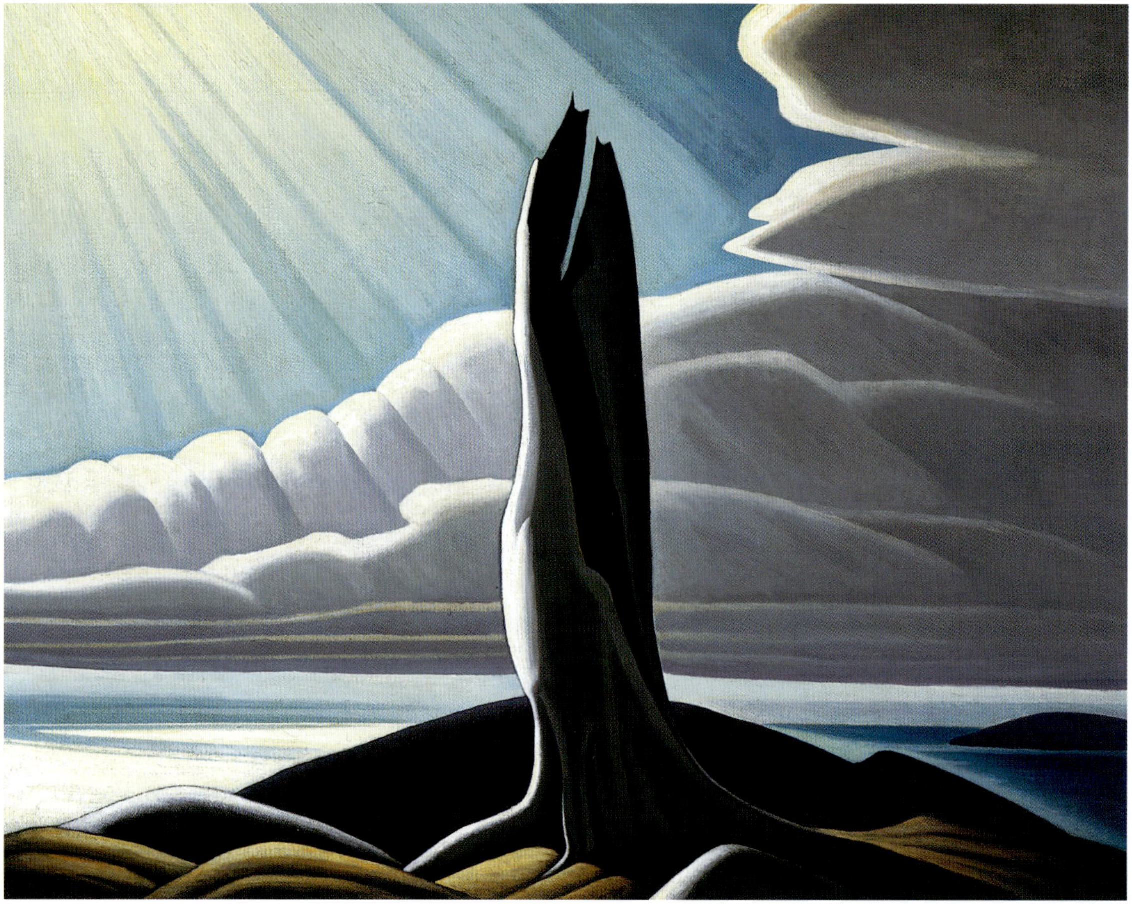

Lawren Harris, *North Shore, Lake Superior / Rive nord du lac Supérieur,* 1926

Oil on canvas; 102.2 x 128.3 cm. Purchased 1930. 3708
Huile sur toile; 102,2 x 128,3 cm. Acheté en 1930. 3708

10

11

12

13

14

15

16

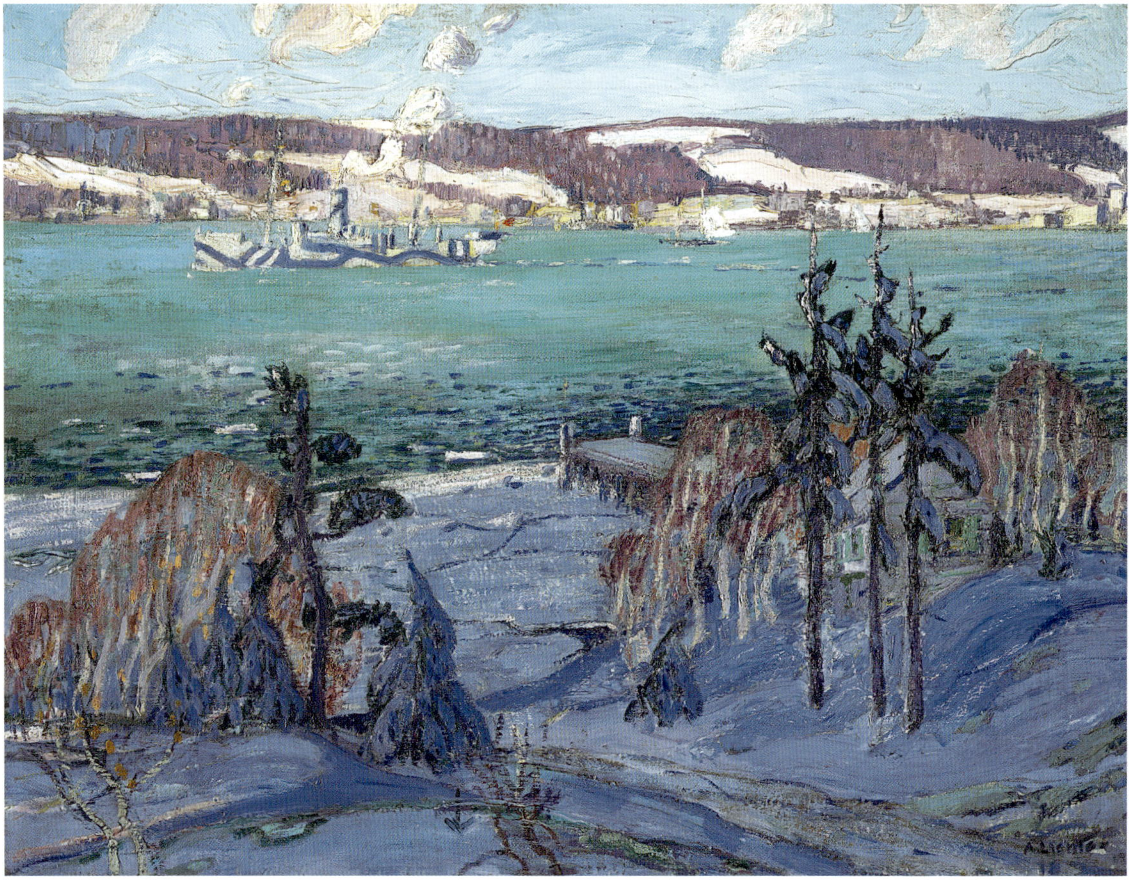

Arthur Lismer, *Winter Camouflage / Camouflage d'hiver*, 1918

Oil on canvas; 71.5 x 91.6 cm. Purchased 1918. 1488
Huile sur toile; 71,5 x 91,6 cm. Acheté en 1918. 1488

17

18

19

20

21

22

23

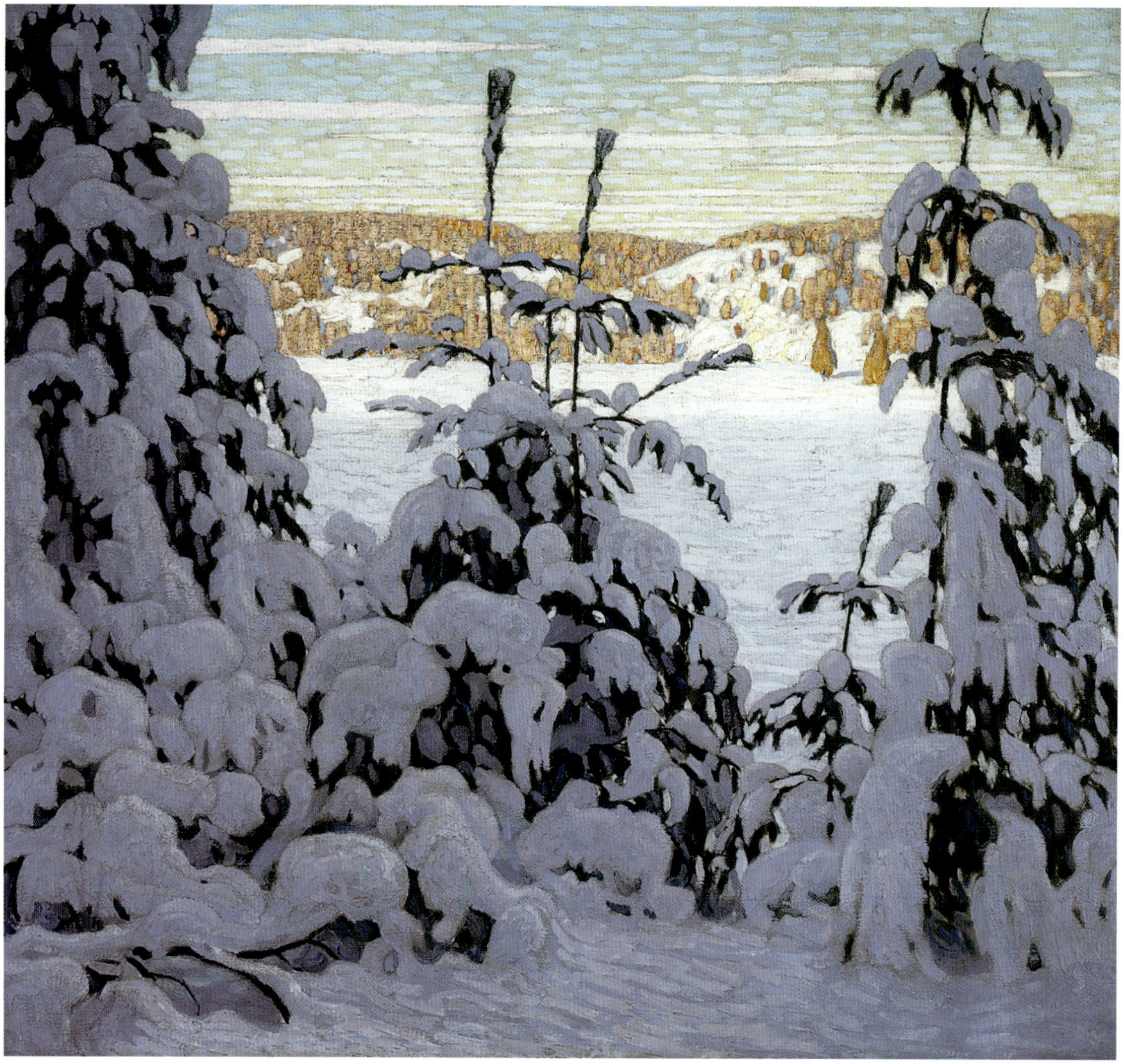

Lawren Harris, *Snow II / Neige II*, 1915

Oil on canvas; 120.3 x 127.3 cm. Purchased 1916. 1193
Huile sur toile; 120,3 x 127,3 cm. Acheté en 1916. 1193

24

25

26

27

28

29

30

31